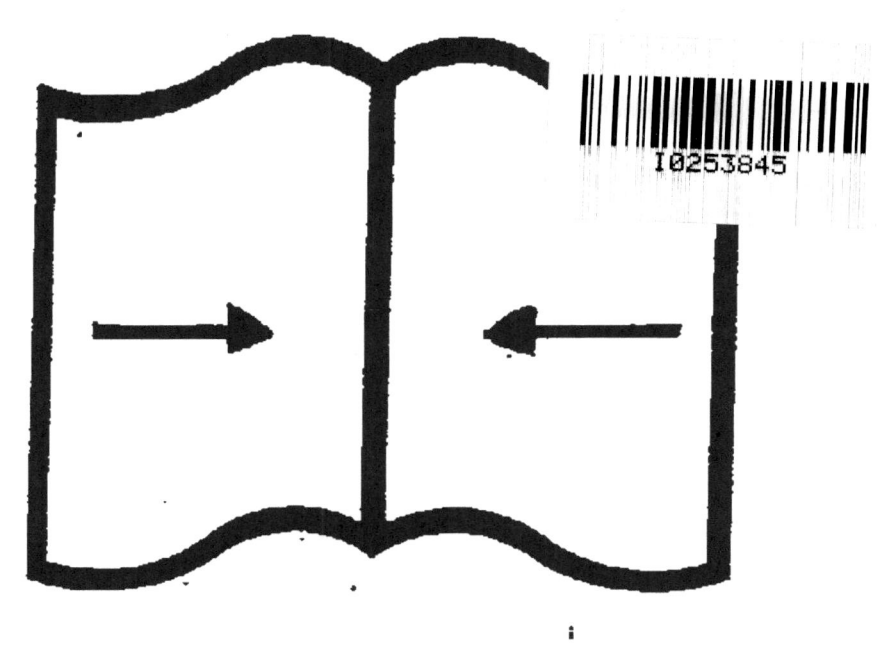

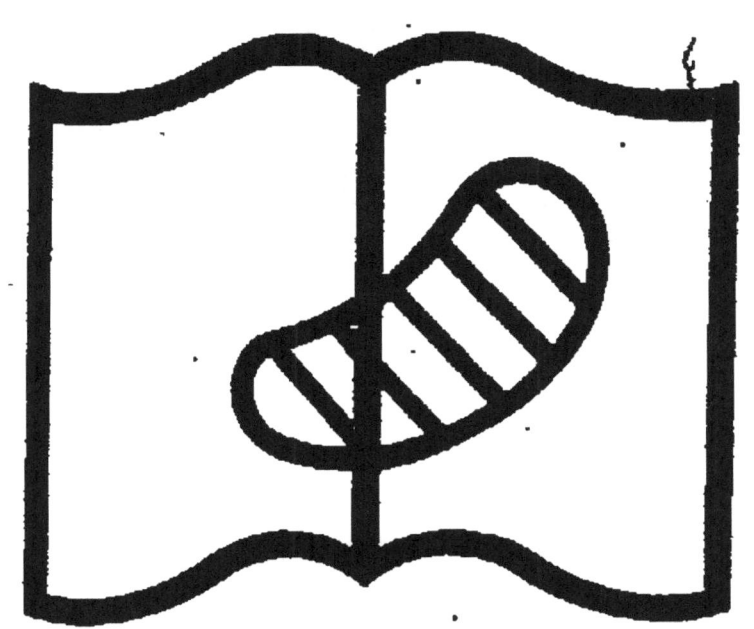

Original illisible

NF Z 43-120-10

"VALABLE POUR TOUT OU PARTIE
DU DOCUMENT REPRODUIT".

VOYAGE

DESCRIPTIF ET PHILOSOPHIQUE

DE

L'ANCIEN ET DU NOUVEAU PARIS.

TOME PREMIER.

DE L'IMPRIMERIE DE MAME FRÈRES, rue du Pot-de-Fer, n° 14.

Cet Ouvrage se trouve aussi

Chez ROSA, au cabinet littéraire, grand cour du Palais-Royal ;

DESAUGES, libraire, rue Jacob.

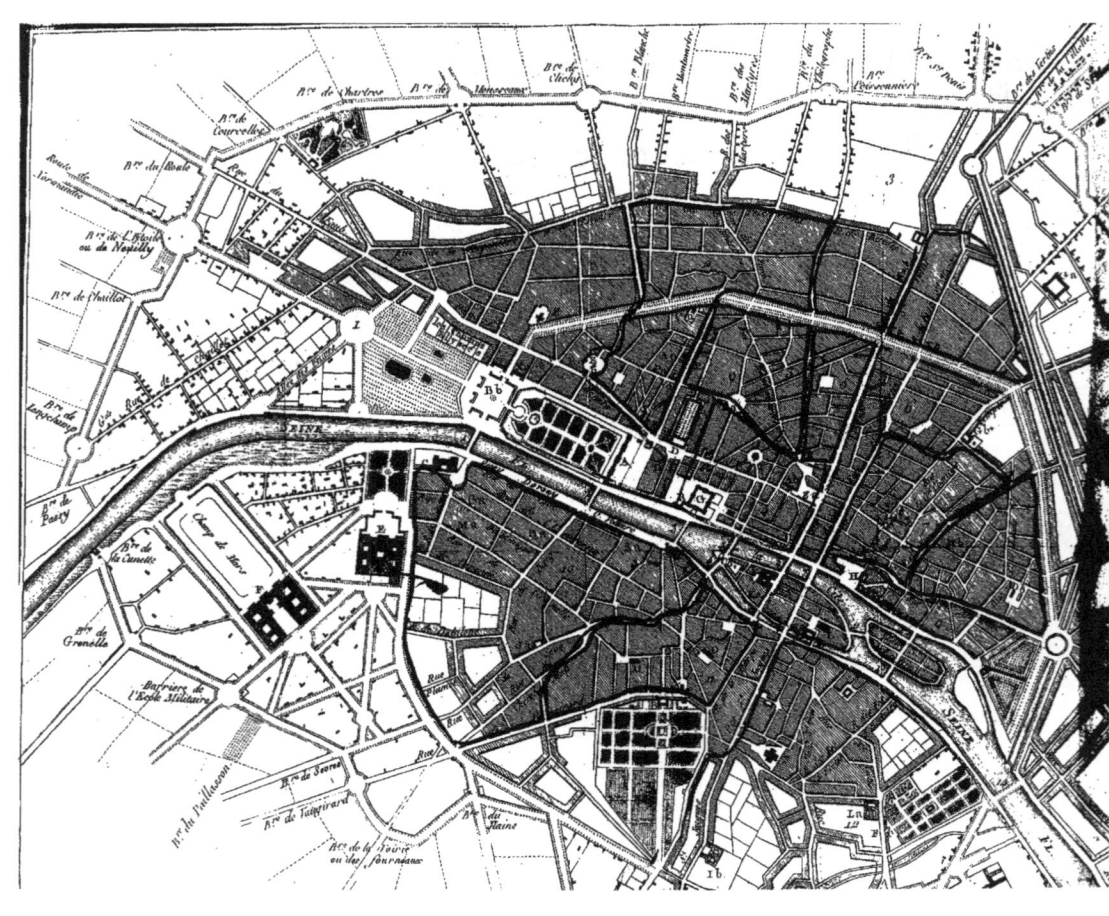

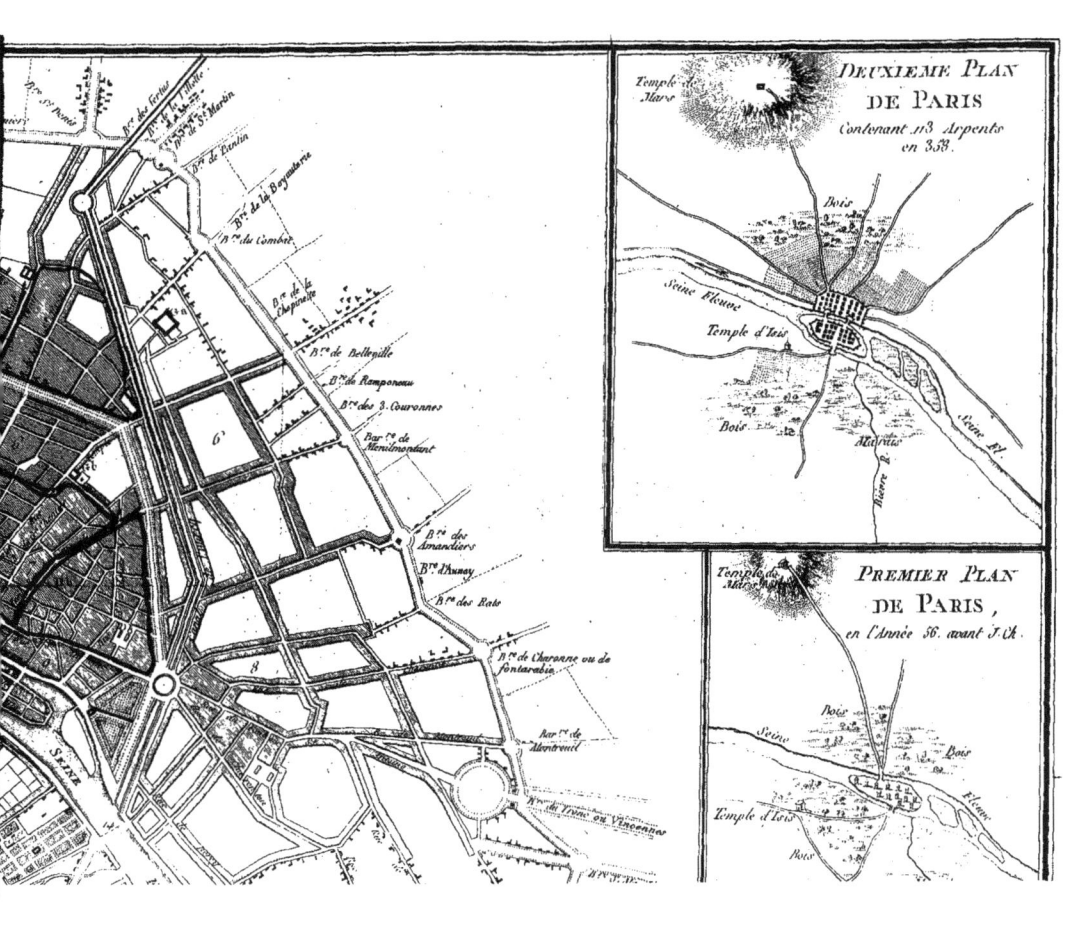

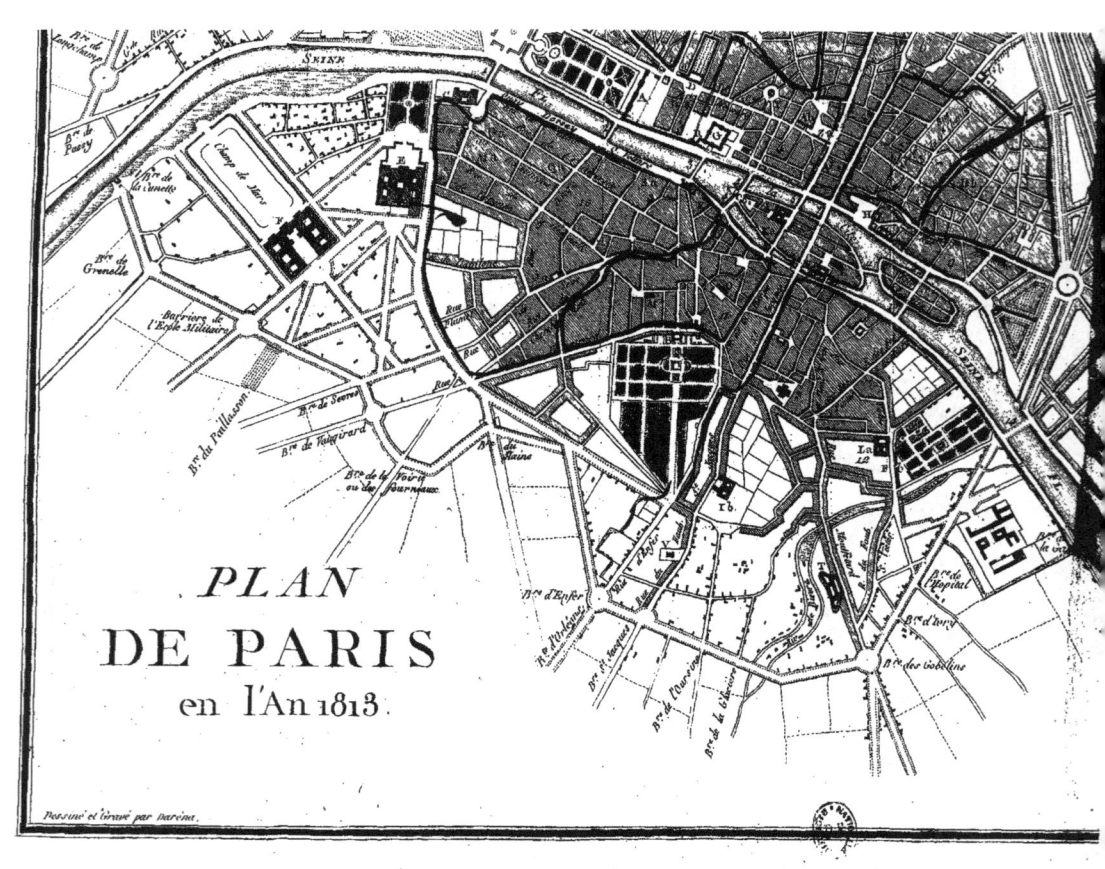

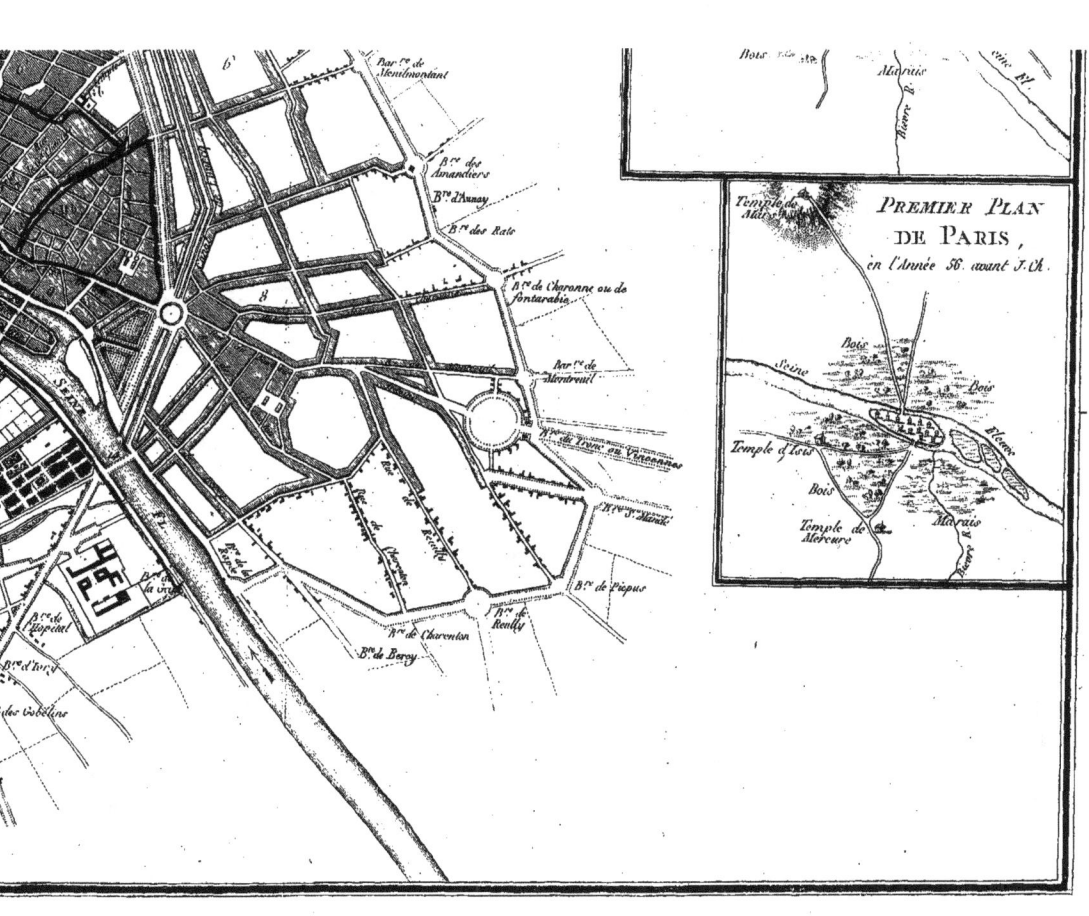

VOYAGE

DESCRIPTIF ET PHILOSOPHIQUE

DE

L'ANCIEN ET DU NOUVEAU

PARIS.

MIROIR FIDÈLE

Qui indique aux Étrangers et même aux Parisiens ce qu'ils doivent connaître et éviter dans cette Capitale;

Contenant des faits historiques et anecdotes curieuses sur les monumens et sur la variation des mœurs de ses habitans depuis vingt-cinq ans;

La Physionomie des maisons de jeux et des joueurs;

Les pièges que tendent les matrones, les prostituées, les filous et les voleurs, etc.;

SUIVI

De la description des environs de Paris;

D'un Dictionnaire des rues, places, quais de cette capitale, etc.

Orné du Plan de Paris et de 50 gravures.

Par L. P.

TOME PREMIER.

A PARIS,

Chez l'Auteur, rue des Marais, F. S. Germain, n° 18.

1814.

TABLE DES MATIÈRES
CONTENUES
DANS LE TOME PREMIER.

Nota. (On n'a fait mention des rues dans cette table que relativement à des monumens, ou à des anecdotes.)

A.

	Pag.
ABATTOIRS, ou tueries.	70
Abbaye-aux-Bois (l')	207
Abbaye royale de Panthemont.	205
Abbaye S. Germain-des-Prés.	225
Accroissement du territoire de Paris.	45
Administration des hôpitaux.	106
Anecdotes sur les prostitués qui passent à l'hôpital des vénériens.	73
— sur l'un des couvens de filles du faubourg Saint-Jacques.	77
— sur la barrière des Gobelins et sur toutes les barrières de Paris.	78
— sur Sylvain Maréchal.	81
— sur Louis-le-Gros.	82
Anecdotes sur le diacre François Pâris.	82
— sur l'hospice de la Salpêtrière.	87
— sur le séminaire de Saint-Firmin.	97
— sur l'église métropolitaine de Notre-Dame.	102
— sur l'archevêché, ou maison archiépiscopale.	104
— sur la rue des Marmouzets.	107
— sur la paroisse de Sainte-Marie.	*Ibid.*
— sur l'église de Saint-Pierre-aux-Bœufs.	*Ibid.*
— sur l'église Saint-Hilaire.	114
— sur la nouvelle église de Sainte-Geneviève, appelée aussi Panthéon.	116

Table des matières.

Anecdotes sur le collége de la Sorbonne. 132
— sur la rue de la Harpe. 137
— sur le couvent des Cordeliers. 139
— sur le célèbre Crébillon. 144
— sur la rue Saint-André-des-Arcs. 145
— sur la rue Gît-le-Cœur. 151
— sur le Pont-Notre-Dame. 154
— sur le Pont-au-Change. 155
— sur la place Dauphine. 163
— sur le Pont-Neuf. 166
— sur un particulier de la rue Dauphine. 169
— sur Camille-Desmoulins. 187
— sur la duchesse de Montpensier. 188

Anecdote relative à la rue Mazarine. 197
— sur le couvent des Jacobins. 202
— relative à M. de Castries. 207
— relatives à la prison de l'abbaye S. Germain. 210
— sur l'hôtel royal des Invalides. 236
Archevêché (l'), ou maison archiépiscopale; anecdote y relative. 104
Augustins (quai des). 149
Augustins (couvent des grands-). 149
Augustins (couvent des petits-). 222
Augustins (rue des petits-). 222
Avantages de la situation de Paris. 56

B.

Bacq (Rue du). 215
Bains Vigier. 230
Barrière d'Enfer, avec gravure. 68
Barrière de l'Oursine. 78
Barrière des Gobelins; anecdote y relative. 78
Batelets. 231
Battoir (rue du) 144

Belle-Châsse (couvent de). 203
Bénédictins anglais. 76
Bénédictines anglaises. 81
Bernardins (couv. des). 90
Bibliothèque Mazarine. 221
— de Ste-Geneviève. 127
— de l'École de Méd. 140

Table des matières. iij

Bibliothèque de l'Institut. 220
— du Palais de justice. 160
Biron (hôtel de). 206
Blanchisserie militaire. 78
Bon-Pasteur (communauté du). 209
Boucheries (rue des); anecdotes y relatives. 189

Boulevard du sud, ou midi. 70
Boulevards (nouveaux). 171
Bourbon (rue de). 212
Bretonvilliers (hôtel de). 99
Bucherie (rue de la). 108
Buvette (la) du Palais. 161

C.

CABRIOLETS pour les environs de Paris, du côté du sud. 73
Cafés. 12
— Conti; anecdote. 168
Caractères des Parisiens. 61
Carmélites (couvent des). 72
Carmes (rue des) 129
Carmes (couvent des) de la place Maubert. 130
Carrefour de Bussy. 106
Carrières sous Paris. 60
Caserne. 81
Caserne. 85
Cassette (rue). 195
Castries (hôtel de), anecdote y relative. 207
Catacombes. 68
Censier (rue du). 97
Champs-de-Mars. 242

Champs-de-Mars (faits historiques sur le). 242
Chanoinesses de l'ordre de S. Augustin, de la Congrégation de Notre-Dame. 96
Charité (hôpital de la). 201
Chartreux (couvent des), et anecdotes. 183
Chasse-Midi (bénédictines du). 209
Château (le) d'eau de l'Observatoire. 71
Chaumière (jardin de la). 173
Cherche-Midi (rue du). 209
Chevaliers de l'Arc (maison des ci-devant). 68
Choiseul-Praslin (hôtel de). 213
Circonférence de la ville. 55
Climat. 53

Cloître Notre-Dame. 104
Clos-Payen. 78
Cluny (hôtel de). 138
Collège de Boissy. 147
— de Grandmont. 148
— d'Harcourt. 132
— de Laon. 129
— de la Marche. 129
— de la Sorbonne ; anecdote y relative. 132
— de Lizieux. 112
— de Louis-le-Grand. 115
— de Maître Gervais. 138
— de Montaigu. 129
— de Navarre. 129
— de Tours. 144
— des Écossais. 96
— des Grassins. 128
— des Lombards. 129
— des religieux de la Mercy. 114
— du Plessis. 115
— Mazarin, ou des quatre Nations, *avec gravure*. 218
— Mignon. 148
— Sainte-Barbe. 128
Comédie Française. 196
Communauté de Saint-Siméon Salus. 84
— de Sainte-Aure. 128
— des Filles de l'Instruction publique. 195
— des Filles de Sainte-Geneviève. 127
— des Sœurs des Écoles chrétiennes, dites de l'Enfant-Jésus. 209
— (Petite), dite des Robertins. 195
Conti (hôtel). 216
Contrescarpe (rue). 85
Convalescens de la Charité. 215
Copeau (rue). 96
Cordelières (abbaye des). 81
Cordeliers (couvent et Église des). Anecdote y relative. 139
Cour du Dragon. 211
— du Commerce. 143
Croix de Fer (maison qui a pour enseigne la). 136
Croix-Rouge (place de la). 194
Cul-de-sac des Vignes. 84

D.

Dauphine (rue). 168
Desaix (statue de). 165
Deux Ponts (rue des). 99
Deux Portes (rue des). 144
Diables et revenans, rue d'Enfer. 72
Doctrine Chrétienne (Pères de la). 96

Table des matières.

E.

ÉCOLE DE DROIT.	127	— gratuite de Dessin.	142
— de Médecine, *avec gravures*.	140	— Militaire.	241
		— Polytechnique.	129
— de Médecine (rue de l')	138	Enfant-Jésus (maison de l')	185-210
— de Natation.	252	Eperon (rue de l').	148
— (et Collége) de Pharmacie.	83	Esplanade des Invalides.	240
— des Mines.	214	Estrapade (place de l').	85

F.

FÉROU (rue).	195	— de Grenelle, *avec gravure*.	204
Feuillantines (religieuses).	76	Fossés Saint-Bernard (rue des).	98
Filles Anglaises (rue des).	81	— (rue des) St.-Germain-des-Prés.	195
— de la Croix (religieuses des).	97	— Saint-Victor (rue des).	95
— de la Provid.	83		
— de Saint-Michel (couvent des).	83	Four (rue du) Saint-Germain.	200
Foin Saint-Jacques (rue du)	138	Francs-Bourgeois (rue des).	131
Fontaine d'Alexandre.	98	Frères-Cordonniers (maison des).	148
— de l'Ecole de médecine.	141		

G.

GALIOTES.	231	des tapisseries des).	79
Garre (barrière de la).	88	— (rue des).	79
Gît-le-Cœur (rue).		Grenelle (rue de) St.-Germain.	204
Anecdote y relative.	151		
Gobelins (manufacture		Gros-Caillou.	247

* A.

Table des matières.

H.

Halle au vin.	91
Harpe (rue de la).	132
Hautefeuille (rue).	145
Henri IV (statue de).	165
Hôpital Cochin.	73
— de la Miséricorde, ou les Cent Filles.	97
— des Enfans malades.	208
— des Incurables.	208
— des Vénériens.	73
— Militaire.	74-249
— Necker.	208
— Sainte-Anne.	78
— de la Maternité.	71
— de Saint-Sulpice.	207
— des Ménages.	208
— des Orphelins, ou de la Pitié.	94
Hospitalières de la Miséricorde de Jésus.	85
— de Saint-Thomas-de-Villeneuve.	207
Hôtel de Châteauvieux.	148
— (royal) des Invalides, *avec gravure*. Anecdotes relatives à cet hôtel.	235
— Dieu.	105
— d'Hercule.	152
— du premier Président du Parlement de Paris.	161
Huchette (rue de la).	109

I.

Île Saint-Louis.	98
Institut national.	220
Instructions pour les voyageurs.	9

J.

Jacob (rue).	213
Jacobins Saint-Jacques (couvent des). Anecdote y relative.	115-202
Jardin des Plantes, ou Jardin du Roi, *avec gravure*.	92
Jésuites (noviciat des).	194
Juiverie (rue de la).	108

L.

Légion d'Honneur (palais de la), *avec gravures*.	212
Limites (premières) de Paris, sous Charles V et Charles VI.	49

Table des matières.

Luxembourg (palais et jardin du), *avec gravures.* Anecdotes relatives à ce palais. 173

Lycée de Louis-le-Grand. 115
— d'Henri IV. 127

M.

Maison de la Mère de Dieu. 193
Marché à la volaille. 151
— aux chevaux. 86
— aux fleurs. 154
— de Boulainvilliers. 216
— de la place Maubert. 130
— des Patriarches. 83
— -Neuf et Marché Palu. 106
— Saint-Germain. 211
Marmousets (rue des). Anecdote y relative. 106
Mathurins (monastère et église des). 138
Mathurins (rue des). 137
Mazarine (rue). Anecdote y relative. 197
Mignon (rue). 148
Miramionnes (communauté des dames des). 91
Missions étrangères (séminaire des). 215

Monaco (hôtel). 205
Monastère des Filles de l'Immaculée Conception, dites *Récollettes*. 215
— des Filles Notre-Dame de la Misericorde. 193
— des Filles de la Visitation Ste.-Marie. 203
— des Religieuses Carmélites. 205
Monnaies (hôtel des), *avec gravure.* 216
Mont Saint-Hilaire (rue du). 128
Montagne Sainte-Geneviève (rue de la). 129
Morgue (la). 106
Mouffetard (rue). 81
Musée d'artillerie. 214
— des Monumens français. 223

N.

Nesle (hôtel de). Anecdote y relative. 198
Notre-Dame (église de), *avec gravure.* Anecdote relative à

cette église. 100
Nouveaux Convertis à la Foi (maison des). 96
Noyers (rue des). 111

O.

OBSERVATIONS critiques, historiques et physionomiques de la ville de Paris depuis 25 ans. 19
Observatoire (l'). 71
Oiseaux (maison dite des). 173
Origine des Parisiens. 39
— du territoire de Paris. 38
Orléans (rue d'). 97
Orphelins de l'Enfant-Jésus et de la Mère de Pureté. 84
Oursine (rue de l'). 80

P.

PALAIS BOURBON, avec gravure. 232
— de Justice, avec gravure. 156
— de la Reine Blanche. 138
— des Beaux-Arts. 218
— des Députés des départemens, avec gravures. 234
— des Thermes. 136
— d'Orléans (le). 148
Panthemont (abbaye royale de). 205
Pavée Saint-André-des-Arcs (rue). 147
Petit Bourbon Saint-Sulpice (rue du). Anecdote y relative. 188
Pharmacie génér. des hôpitaux. 91
Physionomie de la ville de Paris. 60
Pitié (maison de la). 95
Place Cambrai. 113
— Dauphine, avec gravure. Anecdote y relative. 162
— de Fourcy. 85
— de l'Ecole de Médecine. 141
— du Palais de Justice. 157
— Maubert. 150
— Saint-Michel. 151
— Sorbonne. 132
Plaine de Grenelle. 249
Poitevins (rue des). 145
Pompe à feu. 248
Pont au Change. Anecdote y relative. 155
— d'Austerlitz, avec gravure. 89
— de la Cité. 100
— de la Tournelle, ou Saint-Bernard. 90
— de Lodi (rue du). 169

Table des matières. ix

Pont de Louis XVI. 232
— des Arts, *avec gravure.* 221
— d'Iéna. 246
— Marie. 99
— -Neuf, *avec gravure.* Anecdotes relatives à ce pont. 164
— Notre-Dame. Anecdote sur ce pont. 154
— Royal. 230
— Saint-Michel. 152
Port à l'Anglais. 89
— (petit) St.-Landry. 108
Porte Saint-Bernard. 90
Poste (grande et petite). 16
— (rue de la). 224
Poste aux chevaux. 224
— (rue des). 84
Pot-de-Fer (rue du). 194
Préface. 5
Préfecture de Police. 162
Prémontrés (couvent des). 143
— réformés (couvent des). 194
Présentation de Notre-Dame (religieuses de la). 83
Prison de l'abbaye St.-Germain. Anecdote y relative. 210
— de Montaigu. 129

Q.

Quai d'Alençon. 99
— d'Anjou. 99
— Conti. 216
— de Catinat. 154
— de la Cité. 154
— de la Tournelle ou des Miramionnes. 91
— de la Vallée. 149
— des Augustins. 149
— des Morfondus. 153
— des Orfévres. 153
— d'Orléans. 99
— d'Orsai. 231
— Malaquais. 222
— Morland. 90
— Saint-Bernard. 96
Quartier de la Cité. 100
— Saint-Germain. 185
— Saint-Jacques. 75-109
— Saint-Marcel. 80
— Saint-Victor. 86
Quatre-Vents (carré des). Anecdote y relative. 188
Quatre-Vents (rue des). 189

R.

Religieuses Anglaises. 97
Religieuses Bénédictines de l'Adoration

perpétuelle du Saint-Sacrement. 195
— de Sainte-Aure. 84
Religieuses de Saint-Michel (maison de correction). 76
Restaurateurs. 11
Reims (rue de). 128
Rochefoucault (hôtel de la). 200

S.

SAINT - ANDRÉ - DES-ARCS (rue). Anecdote y relative. 145
— (église de). 146
— Barthélemi (l'église de). 156
— Benoît (cloître). 112
— Benoît (l'église). 112
— Benoît (rue). 225
— Côme (paroisse de). 143
— Dominique (rue). 202
— Etienne (rue neuve). 96
— Etienne - des - Grés (rue de). 115
— Etienne-des-Grés (collégiale de). 115
— Etienne-du-Mont (l'église de). 127
— Hilaire (rue). 113
— Hilaire (l'église); anecdote y relative. 114
— Hippolyte (rue). 80
— Hippolyte (église de). 80
— Jacques (rue) 109
— Jacques-du-Haut-Pas (église de). 76
— Jean - de - Beauvais (rue). 112

Saint-Jean-de-Latran (cloître). 113
— Jean - de - Latran (tour de). 115
— Joseph (communauté de). 203
— Julien et Sainte-Basilisse (maison de). 85
— Louis (rue). 99
— Louis (l'église). 98
— Marcel (cloître). 81
— Marcel (église collégiale). 81
— Martin (l'église). 81
— Maur (rue). 209
— Médard (communauté des prêtres de la paroisse de). 82
— Nicolas de Chardonnet (église de). 91
— Nicolas du Chardonnet (séminaire de). 91
— Pères (rue des). 201
— Pierre-aux-Bœufs (rue). 107
— Pierre-aux-Bœufs (église de). Anecdote

- Severin (rue). 111
- Severin (église). 111
- Sulpice (église). Anecdote y relative. 190
- Sulpice (séminaire de). 193
- Thomas d'Aquin (église). 202
- Victor (rue). 95-98
- Victor (abbaye). 96
- Yves (la chapelle). 111

Sainte Chapelle (la). 161
- Geneviève (rue neuve). 84-128
- Geneviève (ancienne église de). 115
- Geneviève (église de) *ou* Panthéon, *avec gravure*. 116
- Marguerite (rue). 210
- Marie (paroisse de). Anecdote y relative. 107
- Pélagie (maison de force de). 95
- Valère (église). 206

Salm (hôtel du prince de). Anecdote y relative. 212
Salpêtrière (hospice de la). Anecdote y relative. 86
Samaritaine (la). 167
Scipion (maison de). 85
Seine (rue de). 199
Séminaire Saint-Sulpice. 195
- (petit) de Saint-Sulpice. 195
- de Saint-Firmin. Anecdote y relative. 97
- de Saint-Louis. 72
- des Irlandais. 84
- des Trente-Trois. 129
- des Prêtres irlandais. 129
Sentiment du grand Frédéric sur les Parisiens. 64
Sept-Voies (rue des). 129
Serpente (rue). 144
Sèvre (rue de). 207
Situation de Paris. 37
Sœurs hospitalières de Saint-Joseph. 84
Sourds et Muets (institution des). 74
Taranne (rue). Anecdote y relative. 209

T.

Teinture pour les draps (manufactures de). 79
Théâtres. 13
- de la Cité. 156
- de l'Odéon. 185

Théâtre Français (rue du). Anecdote y relative. 186
Tournelles (rue des). 90
Tournon (rue de). 187
Triperie 248

U.

Université (rue de l'). 213
Ursins (rue basse des). 108
Ursulines (religieuses). 76

V.

Val-de-Grâce (abbaye du). 74
Varenne (rue de). 206
Vaugirard (rue de). 184
Verneuil (rue de). 215
Vieille-Draperie (rue de la). 157
Vieux Colombier (rue du). 193
Villette (hôtel de). 228
Visitation de Sainte-Marie (monastère des dames de la). 76
Voitures de louage. 14

Fin de la table des matières.

LISTE DES GRAVURES

CONTENUES

DANS CET OUVRAGE.

TOME PREMIER.

Nos
1. PLAN de Paris, ... Pag. 3
2. Barrière d'Enfer, ... 7
3. Pont d'Austerlitz, ou des Plantes, ... 89
4. Cabinet d'Histoire naturelle du jardin des Plantes, . . 92
5. Serre du jardin des Plantes, 92
6. Église Notre-Dame, ... 100
7. Église Sainte-Geneviève, ou Panthéon, ... 115
8. Façade de l'École de Médecine, ... 138
9. Vue intérieure de l'École de Médecine, ... 138

Liste des gravures.

Nos 10. Palais de Justice,.... Pag. 158
11. Place Dauphine, ou Desaix, 162
12. Pont-Neuf,.......... 164
13. Palais du Luxembourg, côté de la rue de Tournon,.. 173
14. Palais du Luxembourg, côté du jardin.......... 176
15. Église de Saint-Sulpice,.. 190
16. Fontaine de Grenelle,... 204
17. Palais de la Légion d'honneur, côté de la rue de Lille, 212
18. Palais de la Légion d'honneur, côté de la rivière,.. 212
19. Hôtel des Monnaies,..... 216
20. Palais des Beaux-Arts, ou Collège des Quatre Nations, 218
21. Pont des Arts, ou du Louvre, 222
22. Entrée du Palais du Corps législatif au Palais Bourbon, 232
23. Intérieur du Palais du Corps législatif,.......... 235
24. Palais du Corps législatif, côté du Pont de Louis XVI, 236
25. Hôtel des Invalides,.... 238

Liste des gravures.

TOME SECOND.

Nos 26. Barrière de l'Étoile, ou de Neuilly, ... Pag. 2
27. Place de Louis XV, ... 19
28. Palais des Tuileries, côté du Carrousel, ... 26
29. Chapelle royale des Tuileries, ... 29
30. Palais des Tuileries, côté du jardin, ... 36
31. Place Vendôme, ... 57
32. Porte d'entrée, maison Télusson, ... 70
33. Coméd. Italienne, ou théâtre Favart, ... 75
34. Palais-Royal, côté de la Place, 80
35. Intérieur du jardin du Palais-Royal, ... 82
36. Colonnade du Louvre, . . . 172
37. Barrière du Trône, ou de Vincennes, ... 182
38. Place Royale, ... 205
39. Tour de la prison du Temple, 210

Liste des gravures.

Nos 40. Hôtel-de-Ville, ... Pag. 224
41. Porte Saint-Denis, ... 243
42. Fontaine des Innocens, . . 249
43. Porte Saint-Martin, ... 264
44. Barrière de la Villette, Saint-Martin, ou Pantin, ... 260
45. Place des Victoires, ... 282
46. Château de Vincennes, . . 214
47. Cour royale du château de Vincennes, ... *Ibid.*
48. Château de Saint-Cloud, . . 290
49. Château de Versailles, côté de Paris, ... 294
50. Château de Versailles, côté du Parc, ... 296
51. Vues des Écuries de Versailles, ... 298

Cabinet d'Histoire Naturelle du Jardin des Plantes.

ment contenir la description de ses monumens, des détails plus ou moins étendus sur les sciences, les arts, le commerce, etc., le voyageur doit encore y trouver des instructions propres à l'éclairer sur ses intérêts et à diriger ses démarches dans une cité dont la population est pour ainsi dire un amalgame d'individus de toutes les nations du globe.

On doit me savoir gré d'avertir les habitans de cette ville immense, et les voyageurs, que la curiosité ou leurs affaires y amènent, des piéges qui leur sont tendus à chaque pas par les malveillans, les intrigans, les charlatans et les filous : c'est en outre seconder le gouvernement dans sa surveillance contre les fripons qu'on ne saurait trop signaler. On pourrait taxer de pusillanimité le silence que la plupart de ceux qui ont écrit sur Paris ont gardé sur cette horde malfaisante.

Cet ouvrage n'est pas, comme on le verra, une description sèche et aride des monumens de cette capitale.

Nous avons dû commencer par donner un court précis de son origine et accroissement, dire un mot sur le caractère ac-

Pl. 7.

Panthéon ou Eglise Ste Geneviève.

les faits historiques et les anecdotes relatifs aux rues, places, etc., à chacun des monumens existans, même à ceux qui sont détruits, en indiquant les lieux où ils ont existé et changé de destination, tels que paroisses, couvens, collégiales, colléges, etc., etc.

Façade de l'École de Médecine.

Vue intérieure de la cour de l'Ecole de Médecine.

INSTRUCTIONS

POUR LE VOYAGEUR A PARIS.

Si l'étranger, en arrivant à Paris, n'a point de logement de retenu, et qu'il soit en poste, il lui suffit d'indiquer au postillon le quartier où il désire loger ; si au contraire il arrive par la diligence, il trouvera dans le bureau des commissionnaires qui s'offriront à le conduire, ou bien il prendra un fiacre qui le conduira à son adresse (1).

Il faut se méfier des filous qui s'offrent obligéamment de vous conduire, ou de porter votre porte-manteau. On ne doit accorder sa confiance qu'aux commissionnaires attachés à chaque bureau des diligences.

Le prix des logemens dans les hôtels garnis n'est point déterminé, cela dépend des quartiers et de la beauté du local.

Les logemens dans les quartiers moins fréquentés que ceux du Palais-Royal, des

---

(1) Voir plus loin le prix des courses.

Tuileries, ou de la chaussée d'Antin, sont à un prix modéré, quoique très-commodes. On trouve aussi dans le faubourg Saint-Germain des hôtels garnis dans le plus grand genre ; c'était autrefois le quartier où logeaient tous les Princes étrangers, les Ambassadeurs, et principalement les Anglais, comme étant la partie de Paris la plus saine, par sa position, la beauté des rues, et la tranquillité des habitans.

Le quartier du Marais renferme de belles maisons, avec des jardins très-agréables, il était habité principalement par des gens de robe, des rentiers, des financiers, et des payeurs de rentes de la ville de Paris. Tous les Juifs de nation logent dans ce quartier.

L'étranger trouve des domestiques de louage attachés à l'hôtel, qu'il peut prendre à la semaine, ou au mois, ou au jour, ainsi que des carrosses et des cabriolets.

Le voyageur qui veut demeurer long-temps à Paris, et se loger d'une manière économique, trouve des appartemens meublés dans des maisons particulières.

Il peut consulter le *Journal des petites Affiches*, article *Maisons à louer*.

On trouve aussi des appartemens vides

que l'on peut faire meubler par des tapissiers qui fournissent les meubles nécessaires à raison de tant par mois.

Les jeunes gens qui viennent à Paris pour suivre les cours de chirurgie, de médecine, etc., peuvent se loger économiquement dans le quartier Saint-Jacques, les rues de la Harpe, Saint-André-des-Arcs, de Médecine, des Boucheries, dans le quartier Sainte-Geneviève, où l'on trouve des traiteurs à un prix très-modique.

Les désœuvrés, les filous et les femmes galantes sont principalement dans le quartier du Palais-Royal.

Restaurateurs.

A l'égard des restaurateurs, il y en a un grand nombre dans tous les quartiers de Paris, depuis un franc jusqu'à douze francs par tête, ou *à la carte*, c'est-à-dire d'après un tableau où le prix de chaque mets est indiqué, de manière que l'on peut soi-même fixer sa dépense. Les restaurateurs les plus en réputation sont, au Palais-Royal, *Very*, *Justa*, *les trois frères Provençaux*, *Naudet*; rue de Richelieu, *Beauvilliers* et *Lambert*; boulevard Italien, *Nicolle*, *Hardi*, *Riche*; rue des Filles Saint-Thomas,

Camus, *Champeau* ; rue Neuve des Petits-Champs, *Grignon* ; aux Tuileries, ou rue de Rivoli, *Legacque* ; aux Champs-Élysées, *Le Doyen* ; boulevard du Temple, *à la Galiote*, *au Méridien* et *au Cadran-bleu* ; rue d'Angoulême, *le Capucin*. Nous indiquerons encore aux amateurs de bonne-chère *la Rapée* et *le Port-à-l'Anglais*, pour le poisson d'eau-douce ; *la Buvette du Palais* et *le Veau qui Tète*, place du Châtelet, pour les pieds de mouton ; pour les têtes de veau farcies, rue du Mont-Saint-Hilaire ; *Le Rocher de Cancale*, rue Montorgueil, pour les huîtres et les poulardes du Mans. Cette maison est le siége de la société épicurienne, présidée par l'auteur de l'Almanach des gourmands.

Cafés.

On en compte à Paris plus de deux mille cinq cents ; mais on distingue, au Palais Royal, les cafés de Foy, du Caveau, des Mille Colonnes, etc. (voyez l'article Palais-Royal) ; celui de la Régence, place du Palais-Royal ; sur les boulevards, les Cafés Turc, du Jardin des princes, etc. ; celui de la barrière des Sergens, rue S.-

Honoré; le café Conti, en face du Pont-Neuf; le café Zoppi, rue de l'ancienne Comédie, faubourg Saint-Germain.

Théâtres.

Académie Royale de Musique, rue de Richelieu.

Théâtre Français, *idem.*

Opéra-Comique, passage Feydeau.

Théâtre de l'Odéon, et Opéra Buffa, faubourg Saint-Germain.

Théâtre du Vaudeville, rue de Chartres.

Théâtre des Variétés, boulevard Montmartre.

Théâtre de la Gaieté, boulevard du Temple.

Théâtre de l'Ambigu-comique, *ibidem.*

Salle des Jeux Gymniques, boulevard Saint-Martin.

Théâtre Mécanique de M. Pierre, rue Neuve de la Fontaine, près l'hôtel de Richelieu.

Cabinet de physique et de fantasmagorie de M. Le Breton, rue de la Poste, faubourg Saint-Germain.

Cirque Olympique, tenu par MM. Franconi, rue Saint-Honoré.

Ombres chinoises de Séraphin, boulevard du Temple et au Palais-Royal.

Panorama, boulevard Montmartre.

Spectacle de M. Olivier, rue Neuve des Petits-Champs.

Cosmorama, au Palais Royal, et beaucoup de Cabinets curieux dans différens quartiers.

Le jardin Tivoli réunit tous les genres de plaisirs et de spectacles. Il y a toujours une nombreuse société.

Fiacres, cabriolets, remises, voitures, pour Paris et ses environs.

On fait remonter les premiers carrosses à l'an 1559, sous Catherine de Médicis. Avant on allait à cheval ou sur des mules.

Les premières voitures de place ont été établies dans une maison de la rue Saint-Antoine, qui portait pour enseigne l'image de *Saint-Fiacre*, et c'est de là qu'elles tirent leur nom.

On en fait monter le nombre à environ 2800 et les cabriolets à 2000 ; ils ont beaucoup gagné à la révolution pour l'élégance des voitures et la bonté des chevaux.

Le prix est fixé, par ordonnance de police, à un franc cinquante centimes, ou trente sous pour la course; et à l'heure, deux francs pour la première heure, et à un franc cinquante centimes les suivantes. Le cocher ne peut point exiger de pour boire; mais il est d'usage de leur en donner. Le cocher pris après minuit doit être payé le double des prix ci-dessus.

Le cocher pris avant minuit ne peut, après cette heure, exiger que dix sous en sus.

Le cocher qu'on fait détourner pendant la course ne peut exiger que d'être payé à l'heure.

On paie quatre francs pour aller à Bicêtre.

Si on fait venir un cocher de la place sans l'employer, il ne peut exiger pour cela que cinquante centimes ou dix sous.

Quand on a à se plaindre d'un cocher, on peut le traduire devant le commissaire, ou à la direction générale de police; il est obligé de vous y conduire. Il est prudent de prendre le numéro de ces voitures, pour réclamer les objets qui y sont oubliés, ou lorsqu'on a des sujets de plaintes contre les cochers; ils sont punis sévèrement.

Pour les carrosses de remise, les prix

varient suivant l'élégance du train et la beauté des chevaux.

Les cabriolets ou carrosses loués au jour, à la semaine ou au mois, sont obligés de conduire dans les environs de Paris, pourvu qu'ils puissent rentrer la nuit.

Pour les fiacres et les cabriolets de place, les règlemens de police ne les obligent que jusqu'aux barrières.

Le prix des courses pour les cabriolets sont à un franc par course : si on le prend à l'heure, la première se paye un franc vingt-cinq centimes, ou vingt-cinq sous, et les suivantes un franc. L'on est libre de donner pour boire aux cochers, ne leur étant rien dû.

On peut aussi se faire conduire dans les environs de Paris plus économiquement, en prenant, à celle des portes qui conduisent à l'endroit où l'on veut se rendre, des voitures des *environs de Paris*. Les prix varient suivant la concurrence.

Grande Poste, rue J.-J. Rousseau, derrière la place des Victoires.

Il y a plusieurs bureaux, dont voici les principaux :

1° Un bureau *d'affranchissement* pour

Palais de la Légion d'Honneur, cidt Hotel de Salm. Côté de la rue de Lille.

les départemens et l'étranger. *C'est le seul où l'on puisse affranchir avant deux heures.*

2° Un bureau de *chargement*, en payant le double pour assurer les lettres. Pour qu'elles partent le même jour, il faut affranchir avant deux heures.

3° Un bureau de *poste restante*, où l'on distribue des lettres *chargées* et celles qui sont adressées poste restante.

4° Un bureau de *réclamation* et de rebut.

5° Un bureau *des envois* d'argent à découvert, moyennant cinq pour cent de la valeur.

6° Un bureau pour les *journaux* ; on paie l'envoi à raison d'un sou par feuille d'impression.

Observations essentielles. Les lettres doivent être mises aux différentes boîtes qui sont dans la ville, avant midi précis; passé cette heure, il faut les porter à la grande poste : après une heure, elles sont remises au lendemain. *On n'affranchit qu'à la grande poste les lettres chargées.*

Il est défendu de mettre de l'or ou de l'argent dans les lettres.

On peut encore affranchir les lettres

jusqu'à une heure dans les grands bureaux de poste suivans :

Rues des Mauvaises-Paroles,
— des Ballets-Saint-Antoine,
— du Grand-Chantier,
— Beauregard,
— Neuve-du-Luxembourg,
— de Verneuil,
— de Condé-Saint-Germain,
— des Fossés-Saint-Victor.

Ces bureaux reçoivent aussi les lettres pour la petite poste.

Le nombre des boîtes aux lettres pour la grande et la petite poste, dans les divers quartiers de Paris, est de deux cent quatre-vingt-deux.

La poste aux chevaux est rue de la Poste, ci-devant Buonaparte, faubourg Saint-Germain.

La direction des droits d'enregistrement est rue de Choiseul.

Il y a un receveur dans chacun des douze arrondissemens, et quarante bureaux de distribution de papier timbré.

Palais de la Légion d'Honneur, côté de la rivière.

Hotel de la Monnoie.

OBSERVATIONS

CRITIQUES,

HISTORIQUES ET PHYSIONOMIQUES

DE

LA VILLE DE PARIS,

DEPUIS VINGT-CINQ ANS,

SERVANT D'INTRODUCTION.

Si, vers la fin de chaque siècle, un écrivain impartial avait fait un tableau général de ce qui existait autour de lui, qu'il eût dépeint, tels qu'il les avait vus, les mœurs et les usages, cette suite formerait aujourd'hui une galerie curieuse d'objets comparatifs ; nous y trouverions mille particularités que nous ignorons : la morale et la législation auraient pu y gagner ; mais l'homme dédaigne ordinairement ce qu'il a sous les yeux ; il remonte à des siècles éloignés.

Un tableau de tous les événemens en

France de la fin du dix-huitième et du commencement du dix-neuvième siècle serait immense, et ne serait pas à l'avantage de l'espèce humaine ; il laisserait de tristes souvenirs. Mais en révolution tout le monde a tort ou raison, c'est une fièvre politique dont les accès sont plus violens sur les uns que sur les autres : que chacun examine sa conscience et garde le silence. Cet ouvrage n'est destiné qu'à faire connaître physiquement et moralement la ville de Paris, point central des événemens de la révolution, et qui, depuis vingt-cinq ans, a changé souvent de physionomie. Les mœurs de ses habitans, subordonnés aux crises politiques, ont varié périodiquement.

Il serait injuste d'attribuer aux Parisiens certains crimes qui sont l'ouvrage des diverses factions composées de matières hétérogènes de tous les pays qui réciproquement se sont proscrites ; et, sans l'heureux retour des Bourbons, la France pouvait être encore un siècle dans un état de crise.

Nous allons donner une idée des divers changemens que Paris a éprouvés dans ses monumens.

Le nombre des églises à Paris était, à l'époque de 1789, de deux cent soixante-trois ; savoir :

Fontaine de Grenelle.

Cinquante paroisses, dont dix églises avaient les droits curiaux; quatre-vingts églises ou chapelles non paroisses; cinquante-trois couvens ou communautés d'hommes; soixante-dix couvens ou communautés de filles.

Sous le règne du vertueux Louis XVI, Paris s'accrut du beau quartier de la chaussée d'Antin, et s'enrichit de plusieurs monumens; savoir : le théâtre Français, aujourd'hui l'Odéon; celui de l'Opéra-Comique, de Feydeau; la salle Montansier, aujourd'hui l'Opéra ou l'Académie royale de musique; la nouvelle salle des Français, rue de Richelieu; l'école de Médecine ; le pont de Louis XVI. Les fermiers-généraux firent construire l'enceinte actuelle de Paris, ainsi que les bâtimens des barrières tels qu'on les voit aujourd'hui.

En 1786, le duc d'Orléans fit bâtir les galeries de pierre du Palais-Royal.

Sous le règne de l'assemblée constituante, la Bastille fut démolie, les couvens, communautés d'hommes et de filles, et une partie des églises et paroisses ont été supprimés, leurs bâtimens, terrains, etc., déclarés biens nationaux.

Il n'a été construit sous le court règne

de cette assemblée que la salle de ses séances, qui était dans le bâtiment du Manége royal, adossé à la terrasse des Tuileries, connue sous la dénomination de terrasse des Feuillans.

Sous l'assemblée législative aucune construction, seulement l'achèvement des culées du pont de Louis XVI.

Le règne de la convention nationale a été marqué par la disparition de tous les signes monarchiques, des statues des rois de France qui ornaient plusieurs places publiques, et auxquelles on a substitué des statues en plâtre de la *Liberté*, des monumens en planches et des arbres de la *Liberté*, qui n'ont pas pu prendre racine; des montagnes à Marat, etc. Les palais furent transformés en ateliers, en établissemens de diverses administrations, en prisons ou bastringues. Les plus beaux hôtels étaient devenus la propriété des nouveaux riches de la *sans-culoterie*, malgré les inscriptions *liberté, égalité ou la mort*, qu'on lisait sur tous les bâtimens, conformément au décret de ladite convention nationale.

La ville de Paris, sous le règne de la terreur, ressemblait à une forêt; on voyait dans toutes les places et les rues des arbres de la Liberté, des bonnets de la Liberté et des Bastilles. Pendant dix-huit mois cette ville était un sépulcre. Toutes les églises furent fermées ou démolies ; une nouvelle religion fut établie sous le nom de *Théophilanthropie*. Les monumens qui décoraient les églises et les palais eussent été détruits sans le zèle de M. Lenoir, qui les a sauvés du vandalisme.

Les habitans de Paris ressemblaient à un peuple de mendians. Pour ne pas être proscrit et passer pour républicain, il fallait avoir des habits déchirés et du linge malpropre. On a vu des législateurs siéger en veste, en pantalon, des sabots et un bonnet rouge.

Il n'a été construit sous le règne de la convention nationale que sa salle dans le château des Tuileries, et celle du corps législatif au palais Bourbon : c'est sous ce règne qu'on a commencé les embellissemens du jardin des Tuileries.

Le directoire exécutif a commencé les embellissemens du palais et du jardin du Luxembourg. Chacun des directeurs s'était fait un jardin particulier dans ce palais qu'ils habitaient.

C'est alors que les Parisiens revinrent un peu à leur ancienne civilisation. Les fournitures des armées produisirent de nouveaux *princes* dans les entrepreneurs, dont plusieurs avaient déjà des hôtels, des châteaux et des équipages de chasse.

Le directoire qui avait besoin de corrompre les habitans pour les enchaîner plus facilement, et leur faire oublier tous les malheurs qu'ils avaient éprouvés et le règne de la famine, fit multiplier les jeux, les bastringues et les salles de spectacles. On a vu des théâtres dans les boutiques, et même au quatrième étage des maisons dans les faubourgs Saint-Jacques, Saint-Antoine, Saint-Martin, Saint-Denis, etc. Le prix d'entrée de ces divers spectacles était depuis 10 s. jusqu'à 2 s. Nous avons vu chez un savetier, au fond d'une cour, faubourg Saint-Denis, une salle de spectacle éclairée par des bouts de chandelles plaquées contre le mur. Ce savetier jouait les premiers rôles de chefs-d'œuvre dramatiques.

Le même élan avait été donné dans toute la France, et même dans les villages et hameaux.

Les mœurs des Parisiens, sous Buonaparte, ont changé encore une fois de physionomie. Le premier consul parla de la nécessité de rétablir la morale, la religion et le luxe; en conséquence, les premiers fonctionnaires eurent des costumes chargés d'or, comme des lingots. Devenu empereur, il fit remplacer tous les signes de la république, qu'il avait juré de maintenir, par des aigles et par des abeilles. Il voulut avoir la cour la plus fastueuse de l'Europe ; alors les femmes de Paris suivirent sans effort leur impulsion pour le luxe.

Buonaparte ne voulant avoir d'autres riches que ceux de son règne, afin de s'en faire de fidèles serviteurs, ruina les premiers riches de la révolution, même les fournisseurs des armées qui lui avaient rendu de grands services ; il combla d'or tous ceux qui l'entouraient. Les émolumens des premiers fonctionnaires publics étaient depuis cinq cent mille jusqu'à trente-six mille francs ; il se procura, par ce moyen, une armée de muets, qui tous devinrent propriétaires des beaux hôtels de Paris; au moins s'il n'avait empêché de parler que ceux qui lui prodiguaient des éloges, et qu'il comblait d'honneurs et de richesses; mais il réduisait au silence tous les Français, en corrompait la moitié pour en faire des mouchards contre l'autre moitié, de manière qu'on ne pouvait former à

Paris une société de quatre personnes, même dans les premières maisons de cette capitale, sans qu'il se trouvât un officieux de la police qui sur-le-champ vous faisait incarcérer.

Tous les fonctionnaires, depuis le premier jusqu'aux derniers employés, étaient obligés de dénoncer un mot, un propos touchant le gouvernement; même obligation aux ministres de l'église. Les dix-sept police et contre-police se surveillaient réciproquement; beaucoup de maisons étaient payées annuellement pour donner des dîners à de grandes sociétés, dans lesquelles se trouvaient des *soupiers* de la police.

Les salariés de cette inquisition ont coûté plus au trésor public que l'entretien d'une armée de huit cent mille hommes. Il est des propos vagues, tenus dans des cafés ou chez des restaurateurs, dont la dénonciation a coûté jusqu'à 600 fr. pour découvrir la demeure, le nom de celui qui les avait tenus, un nombre de mouchards étaient à *leurs pièces;* c'est-à-dire, payés par chaque dénonciation, et en raison de son importance et d'après le mémoire des frais pour les renseignemens sur l'individu.

Heureusement que le retour de Louis

XVIII a fait disparaître ce régime infâme.

Déjà le comte Beugnot, directeur-général de la police du royaume, a convaincu les Français sur les intentions paternelles du roi dans une circulaire adressée aux préfets, sous-préfets, maires, etc. en date du 2 juin. Ci-joint un extrait.

« Monsieur, j'ai l'honneur de vous adresser une expédition de l'ordonnance rendue par S. M., le 16 du mois dernier, et portant création d'un directeur-général de la police du royaume, qui réunit les précédentes attributions du ministre de la police générale et du préfet de police de Paris.

« Ce qui doit surtout nous rassurer, monsieur, c'est que le roi ne demandera jamais de nous des services qui puissent coûter un scrupule à notre conscience, ni une hésitation à notre honneur. Trop long-temps la police a été l'instrument aveugle de la tyrannie ; elle est enfin rendue à sa primitive et salutaire destination, celle de prévenir les délits pour se dispenser de les punir, et de défendre la société contre les maux secrets que les lois ne peuvent pas toujours atteindre.

« Préposée à la sûreté d'un gouvernement qui avait tout à craindre, la police devait tout comprimer ; placée dans un continuel état de guerre contre les plus nobles sentimens et les plus douces affections, elle ne pouvait se défendre qu'en employant les vices opposés.

« Mais aujourd'hui, au lieu de contraindre les esprits par de secrètes persécutions, elle cherchera à les ramener par des persuasions paternelles.

« Au lieu de comprimer la pensée, elle lui laissera son essor, et n'arrêtera que les écarts de l'esprit qui pourraient blesser les mœurs ou troubler la paix de la société.

« Au lieu de répandre la terreur et la haine du gouvernement, elle fera aimer le Prince en le faisant connaître, et son secret sera de n'en avoir aucun.

« Au lieu de violer, dans l'ombre des nuits, l'asile des citoyens, elle veillera autour de leur demeure pour protéger leur sommeil.

« Enfin, au lieu d'attenter avec une effrayante légèreté à la sûreté individuelle, elle sera la première à défendre les citoyens de ces attentats ; et si le maintien de l'ordre exige qu'un particulier soit arrêté, elle ne perdra jamais de vue que, dans ce cas extrême, toute rigueur inutile est un délit, tout défaut de consolation un tort envers l'humanité, etc. »

Cette déclaration du directeur général de la police, au nom du souverain, mérite d'être gravée sur du marbre à chaque coin de rue. Depuis vingt-cinq ans l'asile du citoyen avait cessé d'être respecté.

Buonaparte, dont la vie fut constamment laborieuse, voulant courir à cheval à la postérité, et avoir en dix ans un règne d'un siècle, envoya de Vienne, de Berlin, de Moscou, de Madrid, de Varsovie, etc., des décrets pour construire divers monumens à Paris, même la petite fontaine de la place Saint-Sulpice, qui ressemble à une borne.

Les établissemens, sous son règne, étaient indiqués sur un plan présenté à Louis XIV. Louis XV y avait pensé, mais ce souverain ne voulait pas ruiner les peuples voisins pour embellir la capitale de son royaume; il ne voulait pas détruire la population de Paris, et faire démolir un millier de maisons pour avoir la gloire d'avoir fait percer de larges rues, ni arroser du sang français les monumens qu'il aurait fait construire.

Louis XVI avait aussi le projet d'embellir Paris, mais sans ruiner les habitans par des impôts onéreux ; impôts qui ont mis les propriétaires dans l'impossibilité de faire aucune réparation à leur maison. Il semble que Buonaparte voulait laisser aux maçons le soin de décrire son histoire.

L'architecture, pendant son règne, eut une apparence de faveur qui n'était que fictive ; il n'ordonnait la construction d'édifices somptueux que par un sentiment de vanité qui caractérise toutes ses opérations. Il estimait peu les talens des architectes, malgré qu'il les employât beaucoup, parce qu'il était convaincu que les monumens publics qu'il ferait ériger laisseraient à la postérité un souvenir plus louable que ses désastreuses batailles.

Mais au lieu de stimuler le zèle des architectes, il l'atténuait sans motifs, ainsi que ses ministres et les grands de la cour, par esprit d'imitation; cette haine provenait, dit-on, d'avoir été cité au tribunal de paix à son retour d'Égypte, à l'effet d'obtenir de lui le paiement d'honoraires qu'il refusait à un architecte de ce temps.

Le peu de cas que Buonaparte faisait des architectes est prouvé par l'oubli affecté de n'avoir point compris dans le nombre des prix décennaux les monumens publics, ainsi que de n'avoir accordé la décoration de la Légion d'honneur qu'à son architecte, quoiqu'il en eût délivré un grand nombre aux hommes de lettres, aux peintres, aux statuaires, aux musiciens, aux chefs des divisions des ministères, etc., etc., etc. Une preuve de cette animadversion, c'est d'avoir ordonné que la colonne de la place Vendôme (qu'il avait décrétée pour recevoir la statue de Charlemagne) fût une copie servile de la colonne Trajane, substituant sa statue à celle de Charlemagne; le petit arc de triomphe du Carrousel, fût un calque de l'arc de triomphe de Septime-Sévère, au lieu d'encourager le génie des architectes Français, en les invitant à concevoir des monumens nouveaux dignes du 19ᵉ siècle, plutôt que de faire exécuter à grands frais des copies toujours au-dessous de l'original.

Probablement Buonaparte prévoyait l'instabilité de son règne, alors il hâtait les constructions qui pouvaient l'illustrer; il préférait de l'éclat; il voulait surtout étonner la multitude plutôt que d'obtenir l'éloge de la partie saine de la nation.

Si nous jetons un coup d'œil sur la plupart des édifices commencés par ses ordres, on sera convaincu que la vanité seule était le guide de la plus grande partie de ses décisions. Un de ses derniers décrets relatifs à l'organisation des théâtres et à l'établissement d'une école de déclamation au Conservatoire de musique, est daté de Moscou, ainsi que la dorure du dôme des Invalides qui présente une magnificence nullement en harmonie avec le reste de ce bel édifice, dont la destination commande les dépenses nécessaires aux besoins des braves qui sont appelés à y finir leurs jours, mais exclut toutes dépenses de luxe extérieur.

La Bourse, édifice destiné à rassembler des négocians et agens de change dont le caractère doit être simple, doit être entouré d'un péristyle de colonnes corinthiennes, qui appartiennent essentiellement à la décoration des temples et des palais des souverains.

Les édifices commencés en vertu de ses décrets sont ceux ci-après:

Le temple de la Gloire, sur l'emplacement de la Madeleine dont il a fait démolir le péristyle et les colonnes des façades latérales, quoique l'opinion générale regardût cette disposition comme ce qu'il y avait de plus parfait en architecture à Paris.

Les cinq abattoirs, dont la dépense a été très-considérable ; alors il eût été désirable qu'on en eût varié l'aspect, et qu'on les eût placés dans des endroits plus salubres et à la portée de la rivière.

Les greniers de réserves, immense édifice dont la destination pourrait changer.

Le palais du ministre des relations extérieures, quai d'Orsay.

La halle aux vins et aux eaux-de-vie.

La restauration du palais du Temple.

Les marchés publics, les lycées.

La nouvelle galerie du Louvre, la Caserne vis-à-vis le jardin des Tuileries.

Les ponts du Louvre (ou des Arts), celui de la Cité, celui du Jardin des Plantes (ou d'Austerlitz), celui de l'Ecole militaire (ou Jéna).

Le commencement du palais du roi de Rome, sur la colline de Chaillot, position beaucoup plus convenable pour former un vaste hôpital au-dessous de Paris.

Le commencement de l'arc de triomphe de l'Etoile, qu'on pourrait terminer en commémoration des grands événemens qui ont rendu les Bourbons à la France.

La continuation du Louvre, qu'on a gratté, ce qui toujours altère les ornemens ; mais on voulait faire croire à la multitude que ce monument datait du règne de Buonaparte, où son chiffre et ses armoiries et son monograme ont été sculptés avec profusion à la place de ceux de Henri.

Les fontaines de Paris, la plupart d'un goût médiocre, ayant été exécutées d'après les idées d'un ingénieur hydraulique, au lieu de l'être sur les dessins d'architectes.

Les quais sont aussi une construction par lui ordonnée, résultat d'une dépense excessive. Cependant c'est sans doute une faute d'encaisser ainsi la rivière ; des berges bien dressées, limitées par des files de bornes, ou des barrières, laisseraient jouir du beau fleuve de la Seine, et présenteraient l'aspect d'un port où les marchandises seraient plus facilement exploitées, au lieu qu'un quai n'offre d'issues que de loin en loin : en cas de débacle ou de naufrage, des berges offrent un refuge plus certain.

Nous ne parlerons pas du décret pour la construction au Gros-Caillou d'un palais pour l'université, un autre pour les archives, etc., qui devaient coûter dix-sept millions ; du monument décrété à Dresde, sur le mont Saint-Bernard, qui devait coûter vingt-cinq millions.

Buonaparte a voulu faire disparaître à Paris tout souvenir de l'existence de la Bastille ; il a fait démolir les tours du Temple, mais il a fait construire des cachots avec des murs de dix pieds dans la forteresse de Vincennes. Nous avons vu ce lieu du despotisme ; celui des architectes qui en a donné le plan était digne de son maître et de son ministre de la police. Indépendamment de cette prison effroyable, où des milliers de victimes ont été plongées, Buonaparte avait converti en prisons les maisons de santé et de fous, tenues par des particuliers, qui répondaient sur leurs têtes des prisonniers d'état qu'on leur envoyait ; il faut ajouter toutes les *bastilles* dans les départemens ; doit-on oublier qu'il a fait une prison du château de Fontainebleau, pour y retenir le chef de l'église, celui de Valençay pour les princes d'Espagne, etc. Combien de victimes ont péri dans la prison de Bicêtre. Néanmoins les embellissemens de Paris, les ponts et les routes que Buonaparte a fait faire en France pendant son règne, auraient fait passer son nom à la postérité, si l'on n'avait pas à pleurer plus de quatre millions de braves Français égorgés pour servir son ambition.

Après avoir, dans cet ouvrage, indiqué d'une manière historique et critique tout ce qu'il y a de curieux dans cette capitale, nous avons voulu donner des instructions aux étrangers, ainsi qu'aux Parisiens, pour se prémunir contre les piéges que tendent les matrones, les prostituées, les filous et les voleurs, ainsi qu'un tableau de la physionomie des maisons de jeux et des joueurs ; une description des environs de Paris. Les gravures des principaux monumens que nous avons jointes sont nécessaires pour avoir une idée plus précise des monumens. Enfin nous avons donné la liste alphabétique des rues, places, passages, carrefours et quais, etc., etc., de Paris.

Nota. On n'a fait mention dans les tables des matières que des *rues qui sont remarquables* soit par des monumens, des hôtels ou des anecdotes y relatives.

VOYAGE

HISTORIQUE, DESCRIPTIF
ET CRITIQUE

DE L'ANCIEN ET DU NOUVEAU

PARIS.

SITUATION DE PARIS.

La ville de Paris, située sur la Seine qui la traverse, a été la capitale du royaume de France depuis seize siècles jusqu'au 22 septembre 1792, qu'on l'a proclamée la *capitale de la République*, et sous Buonanaparte celle de *l'Empire français*; au retour de Louis XVIII en France, cette ville a repris son ancienne dénomination de capitale du royaume. Cette superbe ville, l'une des plus considérables du monde, a toujours fixé l'attention des étrangers par sa nombreuse population (1), par ses beaux monumens, par son influence sur les arts et les sciences, par les différentes révolutions dont elle a été le théâtre principal depuis vingt-cinq ans.

Cette ville, dans son origine, n'était qu'une simple bourgade composée de quelques maisons éparses et renfermées dans l'île de la Seine, qui depuis a pris le nom d'*Isle du Palais* ou celui de *Cité*. Ammien Marcellin, qui écrivait vers l'an 375 de Jésus-Christ, ne donnait pas à Paris le nom de ville, il l'appelait *le Château ou la Forteresse des Parisiens*. Elle occupe aujourd'hui un vaste espace.

Origine de son territoire.

Le territoire de cette ville ne consistait, dans l'origine, qu'en un petit marais.

Son étendue et sa première clôture sous Jules-César, cinquante-six ans avant Jésus-Christ, ne renfermaient que . . . . . 44 arpens.

Deuxième clôture, en 358,
sous Julien 113

---

(1) Elle a été jusqu'à 8 à 900 mille âmes ; mais par la révolution et les guerres terribles de Buonaparte, la population est aujourd'hui à 600,000 habitans au plus.

Son territoire.

Troisième clôture, en 1190, sous PHILIPPE-AUGUSTE.	739 arpens.
Quatrième clôture, en 1367, sous CHARLES V et sous CHARLES VI.	1,284
Cinquième clôture, en 1535, sous FRANÇOIS PREMIER et HENRI II.	1,414
Sixième clôture, en 1634, sous HENRI IV.	1,660
Septième clôture, en 1671, sous LOUIS XIV.	3,228
Huitième clôture, en 1715 et 1717, sous LOUIS XIV et LOUIS XV.	3,910
Neuvième clôture, en 1785 et 1788, sous LOUIS XVI.	9,910
D'après le nouveau plan projeté, Paris aurait.	10,719

ORIGINE DES PARISIENS.

Histoire de l'accroissement successif de leur territoire.

LES Parisiens étaient un de ces soixante-quatre peuples qui composaient la république des Gaules, et qui ne formaient qu'une nation, quoique indépendans les uns des autres : chacun de ces peuples avait ses lois particulières, ses chefs, ses magistrats. Le peuple nommait tous les ans des députés pour composer les assemblées générales, qui se tenaient dans le principal collége des Druides, au milieu d'une forêt du pays chartrain. On avait confié pendant long-temps les affaires civiles et politiques à un sénat de femmes choisies par les différens cantons : elles délibéraient de la paix ou de la guerre, et jugeaient les différends qui survenaient entre les Vergobrets (*souverains magistrats*), ou de ville à ville. Selon Plutarque, l'un des articles du traité d'Annibal avec les Gaulois portait :

Si quelque Gaulois a sujet de se plaindre d'un Carthaginois, il se pourvoira devant le sénat de Carthage établi en Espagne. Si quelque Carthaginois se trouve lésé par un Gaulois, l'affaire sera jugée par le conseil suprême des femmes gauloises.

Les Druides, que ce tribunal mécontenta par plusieurs de ses arrêts, usèrent de tout le crédit que la religion leur donnait sur les esprits, pour le faire abolir, et ils s'emparèrent de l'autorité.

Les Gaulois, sous le gouvernement des femmes, prirent Rome, et firent trembler l'Italie. Sous le gouvernement des prêtres, ils furent toujours subjugués par les Romains.

Les Parisiens combattirent pour leur liberté avec un courage qui était l'effet du désespoir. Craignant d'être forcés dans leur île par Labiénus, ils en sortirent après y avoir mis le feu, principalement aux maisons qui étaient près de la rivière; ils rompirent les ponts et allèrent au-devant de l'ennemi; mais il les trompa par une fausse marche. La bataille se donna au-dessous de Meudon : elle fut des plus sanglantes; les Parisiens la perdirent, et Camulogène, qu'ils avoient choisi pour les commander, y fut tué.

Depuis César jusqu'à Julien, il n'est presque pas fait mention de Lutèce. L'histoire dit que Julien, cherchant un asile dans les Gaules, choisit Paris pour y fixer sa demeure, et qu'il y fut proclamé *Auguste* en 3oo. Il est probable que ce fut du temps de ce prince qu'on bâtit le palais des Thermes ou des Bains, dont on voit encore quelques vestiges à la Croix-de-Fer, rue de la Harpe. L'empereur Julien se rappelait avec plaisir le séjour qu'il avait fait dans *sa chère Lutèce*. Il parle du climat, du territoire, des vignes, et de la manière dont ses habitans élevaient des figuiers. Valentinien I.er et Gratien y firent aussi quelque séjour. Clovis, après avoir tué Alaric, roi des Visigoths, y fit sa résidence en 508. Son palais était à la montagne, aux environs du lieu où l'on bâtit depuis le collége de Sorbonne. En 510 Clovis déclara cette ville la capitale de ses conquêtes.

Paris n'était pas plus étendu vers la fin de la seconde race que du temps de César. Il était toujours enfermé entre les deux bras de la rivière. La cathédrale au levant, le grand et le petit Châtelet au nord et au midi, et le palais du roi ou des comtes au couchant, formaient les quatre extrémités de son enceinte.

César dit : « Lutèce, située dans une île de la Seine, est la ville des Parisiens. » — *Je passai l'hiver*, dit Julien, qui régnait quatre cents ans après ce conquérant des Gaules, *dans ma chère Lutèce ; elle occupe une petite île dans la Seine ; on y entre par deux ponts....* Paris, dit Abbon, qui écrivait neuf cents ans après César, tient à la terre ferme par deux ponts.... ; à la tête de chacun de ces ponts il y a un château au dehors de la ville (c'était le grand et le petit Châtelet). Corrozet prétend que César les fit bâtir. Malingue et le commissaire Delamarre disent que Lutèce fut appelée *la ville de César*, parce que ce conquérant la fit entourer de murailles et qu'il l'embellit de nouveaux édifices.

On lit dans les *Commentaires* que César transféra l'assemblée générale de la Gaule dans la ville de Lutèce des Parisiens, *Lutetia Parisiorum*. César la nomme *Oppidum*; ce qui prouve qu'elle était déjà la capitale d'un peuple avant que ce grand capitaine en eût fait la conquête, et qu'elle jouissait déjà d'une certaine considération. Abbon et Ptolomée nommaient cette ville *Loucototia* et *Loucotetia*, ce qui a donné lieu à diverses étymologies également fausses et fabuleuses.

Tous ceux qui se sont occupés de l'histoire de Paris, particulièrement D. Félibien, prétendent que le terrain où est à présent le centre de la ville ou le côté de la rivière au nord, était couvert d'une forêt. La tour octogone qu'on a vue longtemps au coin du cimetière des Innocens servait, dit-on, pour faire sentinelle dans cette forêt contre les bandes de voleurs et contre les Normands.

On prétend que les mots *Lutèze* et *Paris* ne sont originairement ni grecs ni latins ; ils sont gaulois ou celtiques ; mais on n'en peut fixer la véritable signification. Il en est qui pensent que dans la langue celtique *Luth* signifiait *rivière* ; *thoueze*, milieu, et y, une habitation ; qu'ainsi le mot de *Lutèze* venait de *luthouezy*, habitation au milieu de la rivière, parce qu'en effet cette ville était bâtie dans une île au milieu de la Seine. D'autres étymologistes ont prétendu que *Lut*, en langue celtique, signifiait *corbeau*, et *etia*, île, c'est-à-dire *l'île aux corbeaux*, parce qu'elle en était ordinairement couverte avant d'être habitée.

Saint-Foix dit, dans ses *Essais sur Paris* : « Le commerce que les Parisiens faisaient par eau était très-florissant ; leur ville semble avoir eu, de temps immémorial, un navire pour symbole ; *Isis* y présidait à la navigation : on l'adorait même chez les Suèves sous la figure d'un vaisseau. » De là plusieurs étymologistes prétendirent que *Parisis* venait de deux mots grecs qui signifient *proche d'Isis*. Ce temple d'Isis, si fameux, dit Sauval, qui donna le nom à tout ce pays, était desservi par un collége de prêtres qui demeuraient, comme on a lieu de le croire, à Issy, dans un château dont on voyait encore les ruines au commencement du dix-septième siècle. L'église de Saint-Vincent, depuis Saint-Germain-des-Prés, a été bâtie sur les ruines du temple dédié à cette déesse (1).

ACCROISSEMENT DE SON TERRITOIRE.

Ce ne fut que sous le règne de Louis-le-Jeune, au douzième siècle, que l'on commença à bâtir dans Champeau (quartier des Halles) et aux environs de Sainte-Opportune, appelée auparavant l'*Hermitage de Notre-Dame-des-Bois*, parce qu'il formait l'entrée de la forêt.

Entre le boulevard et la rivière au nord, depuis le terrain où est l'Arsenal jusqu'au bout des Tuileries, qu'on se représente le reste d'un bois marécageux, de petits champs, des haies, des fossés, quatre ou cinq misérables bourgs éloignés les uns des autres ; quelques rues boueuses autour du

---

(1) L'église de Saint-Vincent n'existe plus.

grand Châtelet et de la Grève, un grand pont (le Pont au Change) pour arriver dans une petite île (la Cité) qui n'était habitée que par des ecclésiastiques, quelques marchands et des ouvriers ; un autre pont (le Petit-Pont) pour en sortir du côté du midi ; et, au-delà de ce pont et du petit Châtelet, deux ou trois cents maisons éparses sur le bord de la rivière et dans les vignes qui couvraient les environs de la montagne Sainte-Geneviève : telle était la ville de Paris sous les premiers rois de la troisième race. Douze hommes suffisaient pour la perception des impôts ; il n'y avait que deux portes, et, sous Louis-le-Gros, les droits de la porte du nord ne rapportaient que 12 fr. par an, qui font 408 liv. d'aujourd'hui.

Les arts les plus nécessaires y étaient inconnus ; les édifices publics n'avaient rien que de fort simple, et les bâtimens particuliers annonçaient la pauvreté ; ainsi rien ne pouvait engager l'étranger à y venir.

Philippe-Auguste aimait les lettres, il accueillit et protégea les savans ; on accourut à Paris des provinces et des pays étrangers.

On commença sous son règne, en 1184,

à paver les rues de Paris. Un particulier nommé Gérard, de Poissy, voulut que son nom passât à la postérité en contribuant à cette dépense ; il donna onze mille marcs d'argent : le marc valait alors trois cents deniers.

Sous saint Louis, petit-fils de Philippe-Auguste, un tiers du terrain qui fut renfermé dans l'enceinte commencée en 1190, et achevée en 1211, sous le règne de Philippe, était encore vague, ou en marais. Au nord, la rivière passait près du Louvre, alors moins étendu qu'aujourd'hui, laissant cet édifice en dehors, ce terrain traversait les rues S. Honoré et des Deux-Ecus, l'emplacement de l'hôtel de Soissons, les rues Coquillière, Montmartre, Montorgueil, Française, Saint-Denis, Saint-Martin, continuait le long de la rue Grenier-Saint-Lazare, traversait la rue Beaubourg, la rue Sainte-Avoye ; à l'endroit où est l'hôtel de Mesme, et passant sur le terrain où étaient les Blancs-Manteaux, et ensuite entre les rues des Francs-Bourgeois et des Rosiers, allait aboutir au bord de la rivière, à travers les bâtimens de la maison professe des Jésuites et le couvent de l'*Ave Maria*. Paris avait huit portes principales : la première près du Louvre, au nord de la rivière; la seconde, à l'endroit où se trouve l'église de l'Oratoire; la troisième, vis-à-vis St.-Eustache, entre la rue J.-J. Rousseau et la rue du Jour; la quatrième, rue St.-Denis, appelée la Porte aux Peintres, à l'endroit où est un cul-de-sac, qui en a conservé le nom; la cinquième, rue Saint-Martin, au coin de la rue Grenier-Saint-Lazare; la sixième, appelée la Porte Barbette, entre la rue des Francs-Bourgeois et le couvent des Blancs-Manteaux; la septième, près la maison professe des Jésuites; la huitième, au bord de la rivière, entre le port Saint-Paul et le Pont-Marie.

Du côté de la rivière, au midi, l'autre moitié de cette enceinte qui commençait à la porte Saint-Bernard, est à peu près tracée par les rues des Fossés-St.-Bernard, des Fossés-St.-Victor, des Fossés-St.-Michel, ou rue St.-Hyacinthe, des Fossés-Monsieur-le-Prince, des Fossés-St.-Germain, ci-devant rue de la Comédie Française, et des Fossés-de-Nesle, à présent rue Mazarine.

Il y avait sept portes dans ce circuit : la porte St.-Bernard ou de la Tournelle, les portes St.-Victor, St.-Marcel, St.-Jacques, la porte Gilard, d'Enfer ou de St.-Michel, au bout de la rue de la Harpe, à l'endroit où est la fontaine; la porte de Bussy, au bout de la rue St.-André-des-Arcs, vis-à-vis la rue Contrescarpe; et la porte de Nesle, où est le palais des Arts, ci-devant collége des Quatre-Nations. Dans la rue des Cordeliers, à l'endroit où est la fontaine, il y eut encore une porte appelée la porte St.-Germain, et lorsque la rue Dauphine (pendant la révolution cette rue a porté le nom de Thionville) fut bâtie, on fit une porte vis-à-vis l'autre bout de la rue Contrescarpe, qu'on appela porte Dauphine.

PREMIÈRES LIMITES DE PARIS, SOUS CHARLES V ET CHARLES VI.

Ce fut sous Charles V, en 1367, que Paris eut des limites, qui furent achevées sous Charles VI, en 1383.

Charles V ne changea rien, du côté du midi, à l'enceinte formée par Philippe-Auguste; seulement il fit creuser des fossés autour des murailles, qui étaient flanquées de distance en distance : elles ne furent abattues qu'en 1646. Nous avons dit que, du côté du nord, les murailles aboutissaient entre le port St.-Paul et le Pont-Marie, vis-à-vis la rue de l'Etoile, ce prince les fit reculer jusqu'à l'endroit où est l'Arsenal ; et les portes St.-Martin et St.-Denis furent placées où nous les voyons, ainsi que la porte St.-Antoine, qui n'existe plus. Depuis la porte St.-Denis, ces murs continuaient le long de la rue Bourbon-Villeneuve, traversaient les rues du Petit-Carreau et Montmartre, la place des Victoires, l'hôtel de Toulouse, le jardin du Palais Royal, la rue Saint-Honoré, près des ci-devant Quinze-Vingts et allaient finir au bord de la rivière, au bout de la rue Saint-Nicaise. Aux quatre extrémités de cette enceinte, comme à celle de Philippe-Auguste, il y avait quatre grosses tours : la tour du *Bois*, près le Louvre ; la tour de *Nesle*, où est le Palais des Arts, ci-devant le collége des Quatre-Nations ; la tour de la *Tournelle*, près l'ancienne porte Saint-Bernard ; et la tour de *Billy*, près des ci-devant Célestins. Elles défendaient, des deux côtés de la rivière, l'entrée et la sortie de Paris, par de grosses chaînes attachées d'une tour à l'autre, et qui traversaient la Seine, portées sur des bateaux placés de distance en distance. L'approche de l'île Saint-Louis était défendue par un fort; on ne commença qu'en 1614 à y bâtir des maisons et à la joindre à une île appelée la *petite île aux Vaches*, dont elle avait été jusqu'alors séparée par un canal de la rivière, à l'endroit où est aujourd'hui l'église St.-Louis. Les ponts Marie et de la Tournelle ne furent achevés qu'en 1635.

Les rues des Petits-Champs et des Bons-Enfans aboutissaient encore en 1630 aux murailles de la ville, qui passaient, comme nous l'avons dit, sur le terrain où est à présent la place des Victoires ; ce quartier était même si retiré, qu'on y volait en plein jour : on l'appelait le quartier *Vide-Gousset* ; une rue a conservé ce nom. Les bâtimens du Palais-Royal, que le cardinal de Richelieu fit commencer en 1619, occasionèrent une nouvelle enceinte. La porte St-Honoré fut reculée en 1631 jusqu'à l'endroit où nous l'avons vue ; et, depuis cette porte jusqu'à la porte S.-Denis, les nouveaux remparts qu'on fit élever, et que Louis XIV fit abattre, formaient le circuit que nous trace le boulevard. Ce nouveau côté de la ville fut bientôt couvert des rues de Cléry, du Mail, Neuve-Saint-Augustin, Sainte-

Anne (nommée depuis Helvétius); des rues Neuve-S.-Eustache et des Petits-Champs, et autres adjacentes; il y avait cependant encore des moulins sur la butte Saint-Roch en 1670.

La reine Anne de Bretagne, magnifique en tout, voulant avoir une cour, les femmes, qui étaient jusqu'alors reléguées dans les châteaux, vinrent à Paris, et n'en voulurent plus sortir; les hommes les suivirent. Sous Charles IX et Henri III, l'argent devint un peu plus commun par les profanations des Calvinistes qui convertissaient en espèces les vases sacrés, les châsses et les statues des saints. Les millions que la cour d'Espagne prodigua pour soutenir la ligue avaient aussi répandu l'aisance parmi un grand nombre de particuliers qui firent construire des maisons et ouvrir des rues. Henri IV fut le premier roi qui embellit Paris de places régulières, et décorées des ornemens de l'architecture.

Sous Louis XIV, Paris n'eut plus d'enceintes; ses portes furent changées en arcs de triomphe, et ses fossés, comblés et plantés d'arbres, devinrent des promenades.

On lit dans l'histoire de Paris que, sous François Ier, le total des loyers de toutes les maisons de cette ville ne montait qu'à la somme de trois cent douze mille liv.

Lors de l'établissement de la religion chrétienne, Paris eut son évêque qui devint comme le chef et le défenseur de la cité, concurremment avec le préfet des *nautes parisiens*, connu depuis, et jusqu'à l'époque de la révolution, sous le nom de *prevôt des marchands*. Ces défenseurs naturels de la ville s'opposèrent aux vexations des gouverneurs romains, et s'unirent à la république des Armoriques, qui avait ses représentans à Paris.

Le colosse de la puissance romaine qui s'affaiblissait de toutes parts, s'étant enfin écroulé sous son propre poids, la ville de Paris eut beaucoup à souffrir de l'irruption des barbares : les défenseurs de la cité se soumirent au chef des Français, qui y établit le siége de la nouvelle monarchie. C'est de là que le pays particulier des Parisiens prit le nom de *France*, qui s'étendit peu à peu à toutes les autres parties des Gaules. Depuis ce temps, Paris fut toujours la capitale des Français, malgré le partage du royaume entre les enfans des rois de la première race. La possession de cette ville fut reconnue si importante, qu'après la mort de Charibert, roi de Paris, les rois de Bourgogne, d'Austrasie et de Soissons, qui partagèrent sa succession, convinrent de posséder tous trois, par *indivis*, cette capitale de la France, et qu'aucun d'eux n'y entrerait sans le consentement des deux autres, dans la crainte qu'il ne s'en fît un titre pour être regardé comme seul roi des Français.

La ville de Paris conserva cette belle prérogative jusqu'à ce qu'elle devint, sous les faibles enfans de Charlemagne, le patrimoine particulier d'un comte. Dans cet état, elle fût souvent ravagée par les Normands, qui en détruisirent tous les édifices extérieurs, et la resserrèrent dans une île de la Seine qu'ils ne purent jamais forcer, et où son évêque fit des prodiges de valeur. L'enceinte de Paris était restreinte à ce qu'on nomme encore aujourd'hui la *Cité*: ce qui a porté à croire que cette ville n'avait pas étendu autrefois ses limites au-delà de l'Isle du Palais : mais ce serait tomber en contradiction avec l'histoire et les monumens les plus authentiques que de partager un tel sentiment.

La puissance royale était anéantie par les usurpations des seigneurs qui forçaient les rois eux-mêmes à confirmer leurs usurpations. Cette conduite enhardit le comte, propriétaire de Paris, à porter ses vues jusque sur le trône. Cette ville, regardée comme le premier siége de la monarchie établie par Clovis, semblait lui fournir un titre pour colorer son ambition. Le comté de Paris étant uni alors au duché de France, les seigneurs, oubliant ce qu'ils devaient au sang de Charlemagne, choisirent pour suzerain celui qui réunissait ces deux qualités. Hugues Capet fixa pour toujours le sceptre dans sa maison, en réunissant le comté de Paris à la couronne; il confia le gouvernement de cette ville à des prévôts royaux, et s'occupa, ainsi que ses successeurs, à l'agrandir et à l'embellir. Dès-lors Paris ne cessa plus d'être le séjour des rois et de leur cour; le lieu des assemblées ordinaires de la nation, et le siége unique de la monarchie.

On aperçoit, par cette courte exposition, que l'histoire particulière de la ville de Paris a été sans cesse subordonnée à celle de la monarchie, et que Paris était devenu la capitale commune des Français, comme Rome était celle de tous les peuples soumis à sa domination.

En 845 et en 856 Paris souffrit beaucoup des courses des Normands; en 886 et en 890 ils l'assiégèrent. Cette ville fut ravagée sous le règne de Louis d'Outremer; et sous celui de Charles VII les Anglais s'en rendirent maîtres. Brûlée presque entièrement en 585, elle éprouva un nouvel incendie en 1034, et une grande inondation de la Seine en 1206.

AVANTAGES DE LA SITUATION DE PARIS.

L'heureuse situation de Paris en facilite les approvisionnemens. Il est placé au milieu de la ci-devant Isle-de-France, entre les ci-devant provinces les plus fertiles; savoir, la Normandie, la Picardie, et les Flandres. Cinq rivières navigables, la Seine, la Marne, l'Yonne, l'Aisne, l'Oise, et plusieurs autres qui communiquent à celles-ci par les canaux de Briare, d'Orléans et celui dit *de Picardie*, lui apportent les denrées des pays les plus riches en grains et en vins. Cette abondance, nécessaire à la vie, a fait affluer à Paris une grande quantité de peuple. La résidence des rois; la proximité de la cour de Versailles, la dépendance où l'on était des ministres, le luxe, l'amour des plaisirs y avaient augmenté l'affluence, et chaque jour on en voyait reculer les limites. Cette capitale, le centre des sciences et des arts en tout genre, est située entièrement en plaine, à l'exception du quartier appelé ci-devant de l'Université et de la partie qui comprend les faubourgs St.-Jacques, St.-Marcel et St.-Victor. La plaine est environnée, au couchant, au midi et au nord, de coteaux plus ou moins éloignés qui forment la plus belle perspective. La Seine, qui traverse cette ville de l'est au sud-est, la divise en deux parties à peu près égales, l'une méridionale et l'autre septentrionale. Indépendamment des îles que forme la rivière, dont une est inhabitée (l'île Louviers), et deux sont couvertes de maisons, l'île Notre-Dame, que l'on nomme la Cité, et l'île St.-Louis, occupent le centre. C'est de cette position que se tirait la division la plus générale de Paris, en trois parties : l'une au midi, qui avait pris le nom d'*Université;* l'autre au nord, qui avait pris le nom de *Ville;* et les îles au centre, qui formaient la *Cité.* Ces trois parties la subdivisaient en vingt quartiers pour la desserte et la facilité de la police, dont nous parlerons.

L'Observatoire, situé à l'extrémité la

plus méridionale de Paris, près la ci-devant porte Saint-Jacques, est à 20 degrés de longitude, le premier méridien pris de l'île de Fer, et à 48 deg. 50 min. 10 sec. de latitude.

Climat. On n'est pas exposé à Paris aux froids rigoureux qui se font sentir dans les contrées de la France plus élevées en latitude et voisines de hautes chaînes de montagnes; la neige et la grêle n'y sont pas très-abondantes, et on n'y éprouve pas des chaleurs excessives. Les vents n'y sont pas aussi violens que ceux que l'on éprouve dans le voisinage de la mer; mais l'élévation des maisons, l'humidité habituelle des rues, le défaut de circulation dans certains quartiers, rendent l'air stagnant et épais.

CIRCONFÉRENCE.

La circonférence de Paris, à la mesurer seulement en longeant l'ancien et le nouveau boulevard qui forment l'enceinte, est de 13,720 mètres (7048 toises), y compris 194 mètres (100 toises) pour la largeur de la Seine vis-à-vis l'Arsenal, et autant pour celle prise auprès du Cours-la-Reine. Dans cette enceinte ne sont pas compris les faubourgs Saint-Antoine, du Temple, Saint-Laurent, Saint-Martin, Saint-Denis, Saint-Lazare, Montmartre, Poissonnière, Saint-Honoré, et du Roule. Ces dix faubourgs compris dans l'enceinte de Paris, sa circonférence est de plus de 17,516 mètres (9,000 toises), et cette circonférence étant réduite à une figure régulière et à peu près carrée, il en résulte une surface de plus de 8,084,040 mètres (4,200,000 toises carrées). Ainsi, cette ville peut avoir, dans sa plus grande longueur, deux lieues de circonférence, et en y comprenant tous les faubourgs, huit lieues. Paris est de figure ronde, et entouré de boulevards plantés de plusieurs rangées d'arbres qui forment une superbe promenade.

On entre à Paris par cinquante-six barrières ou bâtimens tous différens, d'après les dessins de l'architecte Ledoux. Nous avons donné les gravures des plus belles barrières: celle d'Enfer ou Mont-Rouge; celle de Neuilly, celle du Trône ou Vincennes, et celle de la Villette, Pantin ou Saint-Denis. (*Voyez* le plan de Paris.)

PHYSIONOMIE DE CETTE VILLE.

Il faut, pour juger Paris physiquement, monter sur les tours de Notre-Dame. La ville est ronde. La fumée qui s'élève des cheminées innombrables des maisons dérobe à l'œil le sommet pointu des clochers ; on voit comme un nuage qui se forme au-dessus de tant de bâtimens ; et la transpiration de cette ville est pour ainsi dire sensible.

La rivière, qui la partage, la coupe presque régulièrement en deux portions égales ; mais les édifices se portent depuis trente ans du côté du nord.

Son ciel en général est sujet à la plus grande inconstance, et beaucoup plus humide que froid. L'eau de la Seine est légèrement purgative ; et l'on dit proverbialement *qu'elle sort de la cuisse d'un ange.* La fibre y est molle et détendue ; l'épaisseur de l'atmosphère en relâche le ton, et les couleurs vives sont rares sur les visages.

CARRIÈRES SOUS PARIS.

Pour bâtir Paris dans son origine, il a fallu prendre la pierre dans les environs ; la consommation en a été considérable. Paris s'agrandissant, on a bâti insensiblement les faubourgs sur les anciennes carrières ; de sorte que tout ce qu'on voit en dehors manque essentiellement dans la terre aux fondemens de la ville.

Tout le faubourg Saint-Jacques, la rue d'Enfer, le Luxembourg, et presque toutes les rues environnantes, et la rue de la Harpe, portent sur d'anciennes carrières, et l'on a bâti des pilastres pour soutenir le poids des maisons. Que de matières à réflexion en considérant cette grande ville.

CARACTÈRE DES PARISIENS.

Depuis vingt-cinq ans les Parisiens n'ont plus cette aménité et cette gaieté qui les distinguaient ; leur visage n'est plus si riant, leur abord n'est plus si ouvert ; un air d'inquiétude a pris la place de ce caractère libre et enjoué, qui annonçait des mœurs plus simples et une plus grande franchise. Leur air sérieux annonce que la plupart rêvent à leurs dettes, et qu'ils sont toujours aux expédiens.

Embarras des affaires, servitudes, projets, tout cela se lit sur les visages. On devine, dans une société de trente personnes, que vingt-quatre s'occupent des moyens d'avoir de l'argent, et cependant vingt n'en trouvent point.

Sous le gouvernement de Buonaparte, comme sous le règne de la terreur, chacun était sous la réserve. Les visages voulaient se montrer épanouis; mais une vraie inquiétude trahissait le tourment intérieur de l'âme; tout le monde se soupçonnait, personne n'osait parler de politique dans les promenades, dans les spectacles, dans les cabinets littéraires, chez les restaurateurs et dans les sociétés, de crainte qu'il ne se trouvât des affidés de l'une des dix-huit polices soldées par le Gouvernement. Il faut ajouter à toutes les persécutions les emprunts forcés, la conscription qui a livré au désespoir toutes les familles, et a démoralisé les jeunes gens qui, se regardant comme des victimes dévouées à la mort, n'avaient pas le courage de se livrer à l'étude et de cultiver les sciences et les arts. Il y a vingt cinq ans les jeunes gens avaient des prévenances pour les femmes, leur faisaient des complimens : jamais le cavalier ne quittait sa dame : aujourd'hui dans les sociétés ils se séparent des femmes. Dans un bal, les jeunes gens se font prier pour danser. Ils préfèrent aller jouer au billard ou aller apprendre par cœur les calembours au théâtre des Variétés.

Cette séparation des hommes et des femmes dit assez qu'ils ne se cherchent plus, mais qu'ils se trouvent.

Les jeunes gens ont réellement trop de cet esprit fondé sur les phrases qui circulent ; il faut que leur âme d'emprunt se dissipe bientôt en frivoles bleuettes. Le babil est l'infaillible marque d'un esprit sans consistance ; ils parlent beaucoup, ils tranchent, et, chose remarquable, ils sont tous d'un sérieux qu'on pourrait appeler *triste.*

Le Parisien est en général assez indifférent sur sa position politique ; il n'est jamais profondément asservi, jamais libre ; il repousse le canon par des calembours, enchaîne la puissance et le despotisme par des saillies épigrammatiques. Il oublie promptement les malheurs de la veille ; il ne tient point registre des souffrances, et l'on dirait qu'il a assez de confiance en lui-même pour ne pas redouter un despotisme trop absolu.

L'on accuse les Parisiens d'aimer la nouveauté.

Le Grand Frédéric écrivait au philosophe d'Alembert.

« Il faut aux Parisiens toujours de la nouveauté ; ils disent beaucoup de bien de Louis XVI à son avénement au trône. Le secret pour être approuvé en France, c'est d'être nouveau. Votre nation, lasse de Louis XIV, pensa insulter son convoi funèbre. Louis XV également a duré trop long-temps. On a dit du bien du feu duc de Bourgogne, parce qu'il mourut avant de monter sur le trône, et du dernier Dauphin par la même raison. Pour servir vos Français selon leur goût, il leur faut tous les deux ans un nouveau roi ; la nouveauté est la déité de votre nation : et quelque bon souverain qu'ils aient, ils lui cherchent à la longue des défauts et des ridicules, comme si, pour être roi, on cessait d'être homme. »

En général le Parisien est industrieux et inventif, bon et doux, honnête, poli, confiant, facile à conduire.

Les femmes y ont beaucoup de grâces et d'amabilité. Un écrivain a dit : *Les femmes de Paris veulent enchanter tout le monde, excepté leurs maris.*

On accuse le Parisien de s'arrêter sur son chemin au moindre objet ; on dit que la moindre chose lui sert de prétexte pour interrompre ses occupations ; mais Paris est composé d'une multitude d'habitans des départemens et d'étrangers, parmi lesquels disparaît le vrai Parisien.

Cette quantité d'étrangers et d'habitans des villages et des petites villes est plus avide de curiosités que le Parisien, et forme la foule partout.

Mais lorsqu'il s'agit d'un accident, d'une personne blessée, les secours sont prodigués avec empressement, on reconduit la personne chez elle, et c'est là qu'on reconnaît le Parisien.

L'heureux retour de la famille des Bourbons rendra au Parisien son amabilité et sa gaieté ; le sage Louis XVIII, père légitime des Français, fera oublier toutes les convulsions politiques. Les lois répandront dans toutes les parties de l'administration, dans l'âme des juges et dans le cœur des citoyens, un esprit de vie ; on verra de toute part le calme de la vertu ; on admirera la sagesse des lois, on en bénira les organes ; le crime frémira à leur aspect ; l'innocent trouvera des protecteurs

* 6.

intrépides ; à de bons rois, à des magistrats adorés succèdent des nouveaux Titus et des nouveaux Malesherbes. Le peuple ne connaît point les troubles, il hait l'intrigue qui le livre au malheur d'être gouverné par des lâches et des ambitieux. Il règne à l'ombre auguste des lois que lui-même a consenties, et la félicité dont il jouit ne peut ni diminuer ni s'accroître.

Un état ainsi gouverné vogue sur un océan sans tempête.

En vain a-t-on prétendu dans les premières années de la révolution que Paris deviendrait une ville du second ordre ; que son ancien éclat serait éclipsé pour jamais. Cette métamorphose était impossible.

Nous répondrons que les lumières, la bonne société, l'amabilité des femmes, les modes, les spectacles, les chefs-d'œuvre de l'industrie, les monumens publics y appelleront toujours les Français et les étrangers. Sans autre secours que celui de ses propres richesses, Paris, cette maîtresse du monde, pourrait être comparé au soleil qui, par sa force attractive dans le système planétaire, attire tous les corps qui roulent de son orbe lumineux.

PROMENADES
DESCRIPTIVES ET POLITIQUES
DANS PARIS.

PREMIÈRE PROMENADE
DU SUD AU SUD-EST.

QUARTIER DE LA BARRIÈRE D'ENFER OU D'ORLÉANS (1).

Cette première promenade commence à partir de la barrière d'Enfer ou d'Orléans, en suivant les nouveaux boulevards jusqu'au pont du jardin des Plantes ou d'Aus-

---

(1) En face de la barrière se trouve un bon café et restaurateur où l'on peut faire un bon déjeûner avant de commencer sa première promenade.

terlitz; nous nous arrêterons dans le quartier de la rue d'Enfer, les faubourgs Saint-Jacques, Saint-Marcel ; nous reviendrons sur les boulevards, le Port-à-l'Anglais, le pont d'Austerlitz, en suivant la rivière, les quais, les ponts, le Jardin des Plantes, le quartier Saint-Victor, l'île Saint-Louis, la Cité, la rue S. Jacques, le quartier Sainte-Geneviève, la rue de la Harpe, celle de l'Ecole de Médecine, de Saint-André-des-Arcs, les quais des Augustins ou de la Vallée, le quartier du palais de Justice, le Pont-Neuf et la rue Dauphine, où nous terminons cette première promenade.

La *barrière d'Enfer* est une des plus jolies de celles qui entourent Paris. L'on peut en juger par la gravure. L'entrée de la capitale par cette barrière est très-agréable.

Catacombes. Monument funèbre dans des carrières, situées sous le lieu appelé la *Tombe Issoire*; on y entre par un escalier ouvert dans l'enceinte des bâtimens de la barrière d'Enfer. Cet escalier conduit à quatre-vingts pieds au-dessous du sol ; c'est là où sont transportés, depuis 1786, les ossemens trouvés dans le cimetière des Inno-

Barriere d'Enfer.

cens, et dans d'autres situés dans l'intérieur de Paris, dont la suppression fut ordonnée. On y a réuni aussi ceux trouvés lors de la démolition d'un grand nombre d'églises pendant le cours de la révolution. On doit aux soins de M. Héricart de Thury, ingénieur en chef du corps royal des mines, inspecteur-général des carrières, l'ordre religieux qui règne dans ce lieu où disparaissent toutes les fortunes et les grandeurs humaines.

On parcourt dans l'intérieur de longues galeries et des salles en grand nombre, tapissées d'ossemens placés avec symétrie et compartimens; des écriteaux indiquent les cimetières d'où ils ont été exhumés. Dans quelques-unes des salles sont des autels; quelques-uns sont composés d'ossemens même maçonnés avec du plâtre. De distance en distance sont écrites, en lettres noires, sur un fond blanc, des sentences selon tous les systèmes philosophiques et religieux, formant entre elles un déchirant contraste. On évalue à deux millions le nombre des morts qui ont fourni ces ossemens. Il faut au moins trois heures pour visiter les nombreuses galeries et salles de ce lieu du néant. M. Hericart de

Thury a formé dans une salle à part un cabinet de minéralogie, où se voient toutes les sortes de sables, de glaises, de cailloux et de pierres dont est composée la couche épaisse de plus de quatre-vingts pieds que le spectateur a dans ce séjour sur sa tête. On voit dans un autre endroit une collection d'ossemens d'une construction extraordinaire, soit naturelle, soit accidentelle, etc.

Boulevard du Sud ou Midi. Les boulevards neufs ont été achevés en 1761 ; ils sont très-champêtres.

Ces boulevards ont trois mille six cent quatre-vingts toises de longueur, depuis le Jardin des Plantes jusqu'à l'Ecole Militaire (1).

On a construit derrière les murs de ces boulevards deux *abatoirs* ou *tueries*. On désirait depuis long-temps de voir éloignés du centre de la ville les lieux où l'on abat les bestiaux. On en a également construit trois autres dans la partie du nord de Paris.

Ces boulevards sont la promenade ordinaire des poëtes et des amans.

―――――――――――――――――――

(1) Le duc d'Angoulême a fait son entrée à Paris le 27 mai 1814 par la barrière du Maine, située sur le Boulevard.

L'Observatoire situé à peu de distance de la barrière d'Enfer au haut du faubourg S. Jacques, et ayant une entrée par la rue d'Enfer, a été commencé sous Louis XIV en 1667, et terminé en 1672 sous la conduite de Claude Perrault, à qui l'on doit la belle colonnade du Louvre. Sa forme est rectangle : on n'a employé dans sa construction ni bois ni fer. Les quatre faces sont exactement placées aux quatre points cardinaux de l'horizon. Dans un grande salle, au premier étage, est tracée la ligne méridienne qui divise cet édifice en deux parties : c'est de là que, prolongée au sud et au nord, elle traverse toute la France. L'on a percé une avenue qui va rejoindre celle du jardin du Luxembourg, ce qui procure une perspective agréable. A côté de l'observatoire est

Le château d'eau qui est le premier du départ des eaux d'Arcueil.

Rue d'Enfer et rue de la Bourbe. *Hospice de la Maternité*, établissement composé de deux maisons, l'une, rue de la Bourbe, à l'ancienne abbaye de Port-Royal, entre la rue d'Enfer et le faubourg Saint-Jacques; c'était un démembrement de l'abbaye du

Port-Royal-des-Champs, fondée en 1204, près Chevreuse : l'autre, rue d'Enfer, à l'ancienne maison de l'Oratoire, fondée en 1650 par Nicolas Pinette. Cette maison est pour toutes les femmes qui veulent y aller faire leurs couches. L'autre est pour les enfans au-dessous de deux ans, abandonnés de leurs parens.

Cette maison est un cours d'accouchement pour des élèves qui viennent de tous les départemens.

Sous saint Louis, on fit courir le bruit qu'il y avait dans la rue d'Enfer des diables et des revenans ; saint Louis donna cette partie de la rue aux Chartreux, pour exorciser les fantômes, et on n'y vit plus dès-lors de spectres. Les Chartreux firent bâtir sur ce terrain de belles maisons dont ils tiraient de bons revenus. Le couvent est détruit depuis la révolution.

On voyait dans cette rue le *couvent des Carmélites*, qui avait aussi une entrée rue Saint-Jacques, et où se retira la sensible duchesse de la Vallière, sous le nom de sœur *Louise de la Miséricorde*. Elle y mourut l'an 1710, après trente ans de pénitence.

Le séminaire S. Louis avait vue sur le jardin du Luxembourg.

Dans la rue Saint-Thomas sont tous les cabriolets qui conduisent aux environs de Paris du côté du sud.

QUARTIER ET FAUBOURG SAINT-JACQUES.

Hôpital Cochin, fondé par le curé de S. Jacques du Haut-Pas, M. *Cochin*. La construction a commencé en 1780; elle fut achevée en 1782. La destination était pour trente-huit lits de malades de la paroisse. Il y a actuellement 140 lits.

Du même côté se trouve *l'Hôpital des vénériens*, pour les deux sexes, dans l'ancien couvent des Capucins. Le traitement des maladies vénériennes se faisait auparavant dans la maison de Bicêtre.

Il y a six cents lits, trois cents pour hommes et trois cents pour les femmes, y compris les femmes grosses ou nourrices qui ne sont pas des prostituées.

Il faut entendre le langage des prostituées, l'histoire de leur vie, le nombre d'hommes qu'elles ont empoisonnés, les dupes qu'elles feront après leur traitement, en leur persuadant qu'elles ont été six mois à la campagne, ce qui leur a donné un teint *frais*; mais que l'air étant trop vif, elles ont perdu leurs couleurs.

Les matrones viennent les chercher en voiture, après le délai de leur traitement; elles leur apportent robes de gaze, de linon, de baptiste, chapeau à la mode, et le soir même on les rencontre au Palais-Royal ou dans des bals publics. Là, des dupes leur font la cour, leur débitent des complimens sur la blancheur de leur teint; ils ne se doutent pas que c'est là un prodige du mercure.

Institution nationale des sourds-muets, établie dans le ci-devant séminaire S. Magloire. Le nombre des élèves des deux sexes que la nation entretient dans cette école, moyennant une pension de 500 fr., ne peut excéder cent vingt.

Les séances publiques ont lieu tous les quinze jours. L'assemblée est toujours nombreuse et bien composée: il y a une école de gravure de pierres fines.

Hôpital militaire, ci-devant abbaye du *Val-de-Grâce*. La reine Anne d'Autriche, femme de Louis XIII, après vingt-deux ans de stérilité, pour rendre grâce à Dieu de la naissance inattendue de Louis XIV, fit élever ce superbe monument des beaux-arts et de sa piété. Le célèbre François Mansard en fournit les dessins, et les vit exécuter jusqu'au rez-de-chaussée ; mais, par une fatalité trop ordinaire aux gens à talens, Mansard fut obligé d'abandonner la direction de cet ouvrage : des architectes moins habiles que lui, voulant renchérir sur les dessins de ce grand maître, altérèrent une foule de beautés. Mansard, piqué de se voir corrigé par ses inférieurs, entreprit au château de Fresne, chez M. d'Aguesseau, à 7 lieues de Paris, une chapelle qui, en miniature, était l'exacte exécution de son dessin du Val-de-Grâce, voulant ainsi prouver la préférence qu'il méritait. On ne peut s'empêcher d'admirer le dôme du Val-de-Grâce ; c'est un chef-d'œuvre de peinture à fresque, par le célèbre Mignard. Cette peinture représente le séjour des bienheureux, divisé en plusieurs hiérarchies. Dans cette église furent enterrés la reine Anne d'Autriche et la famille d'Orléans.

On a fait de l'abbaye un hôpital militaire ; on cultive dans le jardin un grand nombre de plantes qui forment une belle collection, destinée à l'instruction des élèves en médecine.

On voit près la rue des Fossés-Saint-Jacques le ci-devant monastère des dames de la Visitation de Ste.-Marie. Ce couvent est maintenant occupé par les dames *religieuses de Saint-Michel*, et sert de maison de correction à des filles repentantes.

Un peu plus bas, de l'autre côté de la rue, l'église *de Saint-Jacques-du-Haut-Pas*, succursale de la paroisse de Saint-Étienne-du-Mont.

Un peu plus bas, à droite, était le monastère des *religieuses Ursulines*.

Les religieuses Feuillantines. Maison qui était sous la direction des religieux Feuillans.

Les Bénédictins Anglais. En 1674 la maison a été démolie pour en construire une nouvelle.

C'est dans cette église que Jacques II, roi de la Grande-Bretagne, mort à Saint-Germain-en-Laye le 6 septembre 1701, et Louise-Marie Stuart, sa fille, morte aussi à Saint-Germain le 18 avril 1717, ont été enterrés. On voyait dans une petite boîte la tête du roi Jacques ; en cire, modelée, et empreinte sur sa figure après sa mort, recouverte de la coiffe de nuit de dentelle avec laquelle il est mort.

Dans l'un des couvens de filles de ce faubourg, l'archevêque de Paris vint entendre les vêpres. Les religieuses ne comprenaient pas le latin qu'elles psalmodiaient ; le prélat entendit ces mots : *Fratres sobri estote et vigilitate, quia adversarius vester CHRISTUS...*, au lieu de *diabolus*. Ces bonnes religieuses, quoiqu'elles ignorassent le latin, comprenaient bien que ce mot signifiait *diable*. Un mot aussi impur ne devant pas sortir d'une bouche sacrée, elles pensèrent plus convenable de substituer *christus*. Ces pauvres filles furent censurées, plusieurs manquèrent de mourir de chagrin.

L'abbesse, pour réparer la faute, obligea les religieuses de prononcer tous les jours avant les repas, et après les prières, le mot *diabolus*.

Revenons sur les nouveaux boulevards ; nous ne dirons rien des barrières Saint-Jacques, de l'Oursine, de la Glacière.

Nous avons remarqué dans l'enclos des Prêtres, barrière de l'Oursine, sur la rivière des Gobelins, le *Clos - Payen*, grand terrain situé sur la gauche du boulevard des Gobelins, arrosé par la rivière dite *des Gobelins*. Ce terrain était consacré autrefois au culte des idoles des païens, qui y avaient érigé un temple. Ce n'est aujourd'hui qu'un endroit vague, loué à des blanchisseuses.

Anne d'Autriche, mère de Louis XIV, avait en 1652 fait construire sur la route de Gentilly une maison de santé, dite *Hôpital Sainte-Anne*, pour y transférer, dans les temps de contagion, les malades de l'Hôtel-Dieu, dont elle dépend.

Sur la droite du boulevard est la *blanchisserie militaire*.

Barrière de l'Oursine. Divers autres ateliers de blanchisseries.

BARRIÈRE ET RUE DES GOBELINS.

Dans la nuit du 12 au 13 juillet 1789, douze à quinze hommes armés de bâtons et de torches se présentèrent à la barrière des Gobelins, et, après en avoir chassé les commis, pillé le bureau, ils incendièrent la barrière, qui était en bois; la foule s'accrut bientôt et toutes les barrières de Paris qui étaient en bois furent brûlées dans la même nuit. Des bâtimens en pierre en furent très-endommagés.

Rue des Gobelins. Elle tient à la rue Mouffetard et aboutit à la rivière de Bièvre. On y voit la *manufacture des tapisseries des Gobelins*, qui a pris son nom d'un teinturier nommé Gille-Goblin, originaire de Reims, qui avait fait bâtir ses ateliers dans cet endroit. Depuis, Colbert établit tout auprès la manufacture des tapisseries, et en 1667 il en confia la direction au peintre Lebrun.

On voit encore dans cette rue deux manufactures, très-anciennes, de teinture pour les draps, savoir :

Celle de M. *Monthuset*, l'un des successeurs de M. *Julienne.*

La manufacture de M. *Vérité*, successeur de M. *Monery;* la maison qu'il habite a appartenu à la *reine Blanche*, elle servit ensuite de prison, où il y avait vraisemblablement une juridiction, car l'on a trouvé des chaînes dans les caves.

RUES DU QUARTIER SAINT-MARCEL.

Le faubourg S.-Marcel est un quartier très-populeux et très-laborieux; il y a beaucoup de tanneurs, corroyeurs, mégissiers, amidonniers, brasseurs, maroquiniers; des fabriques de teintures, de papiers peints et de couvertures, etc. Beaucoup de rentiers, de prêtres, de gens de lettres habitent ce quartier. Les loyers sont moins chers que dans le centre de Paris.

Les mœurs, le langage et la mise des habitans ne ressemblent nullement à ceux des autres citoyens de Paris; l'on dirait que le faubourg Saint-Marcel, quoique dans Paris, est éloigné de 30 lieues de cette capitale. On entend dire, *j'irai demain à Paris.*

Rues Saint-Hippolyte et de l'Oursine. Au coin de la rue des *Gobelins* était la petite église de Saint-Hippolyte, qui jouissait du titre de paroisse depuis 1220.

En continuant la rue Saint-Hippolyte sur la gauche, on arrive à la rue de *l'Oursine*, où il y a une caserne qui a été construite pour trois compagnies du régiment des ci-devant Gardes-Françaises; à gauche de cette rue était *l'abbaye des Cordelières*.

Rue des filles Anglaises, où étaient les religieuses *Bénédictines Anglaises*.

Revenant sur ses pas on arrive *rue Mouffetard*. La caserne de la rue Mouffetard, située entre la rue des Gobelins et la rue Pierre-Assis, a été construite pour une compagnie de Gardes-Françaises.

Cloître Saint-Marcel, en face de cette caserne. L'église collégiale de S. Marcel était une des trois filles bien aimées de l'archevêché de Paris.

Le maréchal de Lowendal, de la maison royale de Voldemar, de Danemarck, vainqueur de Berg-op-Zoom, a été enterré dans cette église le 12 juillet 1754.

On voyait dans le cloître Saint-Marcel *l'église Saint-Martin*, qui était érigée en paroisse depuis 1200.

Le poëte Sylvain Maréchal, l'ami particulier de l'astronome Lalande, avait acheté en 1798 le presbytère Saint-Martin, c'est là qu'il a écrit son dictionnaire des *Athées*.

C'est dans la rue Mouffetard que Louis-le-Gros, se promenant à cheval, un cochon vint s'embarrasser entre les jambes de son cheval, et fit tomber Sa Majesté. Le lendemain on publia un ordre du roi qui défendait de laisser courir les cochons dans les rues.

Église Saint-Médard. Cette paroisse est aujourd'hui succursale du douzième arrondissement.

Le célèbre *Nicole*, et *Olivier Patru*, surnommé le *Quintilien Français*, sont enterrés dans cette église.

Le diacre *François Páris*, mort à trente-sept ans, le 1er mai 1727, a été inhumé dans le petit cimetière, où une multitude payée ou ignorante, sous prétexte de miracles opérés par les vertus de *Páris*, allait se faire guérir de prétendues maladies ou infirmités. Le roi fit fermer le cimetière de Saint-Médard. Un plaisant écrivit ces deux vers :

> De par le roi, défense à Dieu
> De faire miracle en ce lieu.

Plus haut, du même côté de l'église, était la communauté des prêtres de la paroisse Saint-Médard.

L'on a construit une fontaine dans ce quartier à l'entrée de la rue du Censier.

Marché des Patriarches. En descendant les rues du Noir et d'Orléans, l'on trouve à droite de cette dernière, vis-à-vis le petit séjour dit d'Orléans, une porte qui rend dans le marché des Patriarches.

En traversant ce marché on se trouve rue Mouffetard, en face de celle de l'Arbalètre.

École et collège de pharmacie, rue de l'Arbalètre. On y fait des cours publics et gratuits de *chimie*, de *botanique*, de *matière médicale*, etc. Le jardin botanique est ouvert tous les jours, excepté les dimanches et les fêtes.

A l'extrémité de la même rue étaient les *Filles de la Providence*.

En descendant la rue de l'Arbalètre, et en entrant dans celle des Postes, qui est à gauche, vous voyez l'ancien couvent des *filles de Saint-Michel* ou de Notre-Dame de Charité.

A côté, celui des *Religieuses de la Présentation de Notre-Dame.* Par un décret du 25 mai 1805, l'on a établi dans cette maison des *Sœurs hospitalières de Saint-Joseph.*

Plus haut, du même côté, cul-de-sac des Vignes, était la *communauté de Saint-Siméon-Salus*, pour les filles et femmes infirmes.

De l'autre côté du *cul-de-sac des Vignes*, les *Orphelins de l'Enfant-Jésus et de la Mère de Pureté* ; communauté qui avait pris naissance vers l'an 1700.

Au sortir du cul-de-sac des Vignes, en prenant la rue du Pot-de-Fer, vous vous trouvez à l'angle de cette rue et de celle Neuve-Sainte-Geneviève, qui la traverse. Là était le monastère des *religieuses de Sainte-Aure* ; le premier établissement de ce couvent est de 1687.

Au coin des rues *des Postes* et *du Cheval-Vert*, actuellement rue *des Irlandais*, est le *Séminaire des Irlandais*, fondé par Louis XIV en 168. , pour servir de retraite à des prêtres et écoliers obligés de sortir d'Angleterre, d'Écosse et d'Irlande, où ils étaient inquiétés à cause de la religion catholique qu'ils professaient. Il était sous l'invocation de Saint-Grégoire-le-Grand. Par un décret du 28 floréal an 13, Buonaparte a rétabli cette maison sous son ancien nom, ainsi que la réunion des colléges des *Irlandais*, *Anglais* et *Écossais*.

Place de l'Estrapade. Cette place a reçu son nom de la machine appelée *Estrapade*, qui y servait jadis à la punition des soldats du régiment des Gardes Françaises: on y a depuis passé aux verges les soldats de ce régiment, à qui on y cassait la tête. Ces exécutions se sont faites ensuite dans la place des Capucins : elles ont été abolies par Louis XVI en 1776. Sur cette place était une caserne pour une compagnie de grenadiers.

La place de l'Estrapade a quatre issues : par les rues des *Postes*, de la *Vieille-Estrapade*, par les bâtimens neufs de S.inte-Geneviève, et par la rue des *Fossés-Saint-Jacques*.

En passant par la rue *Contrescarpe*, qui est à la droite de la *place de Fourcy*, on arrive encore à la rue *Mouffetard*; remontant ensuite cette dernière, on voit l'ancienne maison des *Hospitalières de la Miséricorde de Jésus*, sous le nom de *Saint-Julien* et de *Sainte-Basilisse*. Leur établissement date de 1655.

Maison de Scipion, à l'entrée de la

rue du Fer-à-Moulin, qui tient à la rue Mouffetard, nommée jadis *l'hôtel de Scipion Sardini*, qui le fit bâtir. Cet établissement est dépendant de l'hôpital-général ; il sert de magasin de farine et de boulangerie pour les hospices et hôpitaux de Paris.

Nous sommes encore obligés de revenir sur les boulevards pour suivre avec ordre notre promenade.

RUES DU QUARTIER SAINT-VICTOR.

Après avoir examiné la barrière d'Ivry, et le peu de personnes qui y passent, elle nous a paru inutile. En face de cette barrière, du côté du jardin des Plantes, se trouve le *Marché aux chevaux*.

Ce marché a deux issues, l'une sur le boulevard de l'hôpital, et l'autre sur la gauche du Jardin des Plantes.

On mène, les mercredi et samedi de chaque semaine, les chevaux que l'on veut vendre. Il ouvre à 3 heures après midi, et dure jusqu'au soir.

Hospice de la Salpêtrière. En approchant de la barrière de l'Hôpital, on éprouve un frémissement à la vue de la maison dite *la Salpêtrière*. Cet hospice, destiné aux femmes infirmes et aux femmes folles ou en démence, présente un triste tableau de l'espèce humaine. Il y a eu dans cette maison jusqu'à six à sept mille femmes infirmes ou âgées de plus de soixante-dix ans.

On faisait anciennement dans cette maison du salpêtre, d'où elle a pris son nom.

Elle a été fondée en 1646 par Louis XIV. Les étrangers peuvent visiter cet hospice les dimanches et les jeudis.

Si nous ne nous étions pas engagés à donner les faits historiques, nous ne rappellerions pas les horribles journées des 2, 3, 4 et 5 septembre 1792.

A cette époque, l'hospice de la Salpêtrière renfermait les femmes condamnées à la détention par jugement, et les prostituées. Le 3 septembre, vers les quatre heures après midi, deux cent cinquante hommes armés de fusils, de sabres, etc., entrèrent dans l'intérieur de la partie de cette maison appelée le *commun*; ils firent sortir cent quatre-vingt-trois femmes prostituées, qu'ils reconnurent pour avoir eu des liaisons avec eux, et principalement les plus jeunes.

Sur les sept heures du soir arriva de la force armée, pour empêcher ces cannibales de répéter les massacres qui avaient eu lieu la veille dans les autres prisons de Paris. Les brigands disparurent, mais ils revinrent le lendemain, et n'éprouvant aucune résistance, ils massacrèrent trente-cinq femmes. Dans ce nombre on remarqua madame de Lamotte (1), qui y était renfermée depuis le 31 mai 1786, compliquée dans l'affaire du collier avec le cardinal de Rohan-Guémenée. La femme de l'assassin Desrues avait fait toilette, espérant toucher les assassins, mais elle périt comme les autres.

A droite du boulevard est la *maison des ci-devant chevaliers de l'arc*.

Barrière de la Garre, limite de Paris de ce côté. Le coup-d'œil de la rivière est

---

(1) Au mois d'août 1786, la princesse Lamballe alla visiter la maison de la Salpêtrière; elle témoigna le désir de voir madame de Lamotte, ce qui lui fut refusé. Cette princesse ne se doutait pas que six ans après elle serait assassinée le même jour que madame de Lamotte, le 2 septembre 1792, dans la prison de la Force.

Pont d'Austerlitz ou des Plantes.

Pont d'Austerlitz ou des Plantes.

magnifique : ce port est destiné au bois pour les bâtimens. On rencontre beaucoup de chantiers. A peu de distance au-delà de la barrière de la Garre on voit une verrerie pour les bouteilles.

Vous apercevez sur la même ligne le *Port-à-l'Anglais*, renommé pour les parties fines de goujons et matelottes ; on y est aussi bien traité et aussi chèrement qu'au port de la Rapée qu'on voit en face, de l'autre côté de la rivière.

Avant d'entrer dans le Jardin du Roi ou des Plantes par la grille du côté de la rivière, vous admirez le superbe point de vue des deux rives de la Seine : en longeant la vue du côté du boulevard Bourdon, vous découvrez les arbres des boulevards du Temple.

Pont du Jardin des Plantes ou *d'Austerlitz*, nouveau pont, en face du jardin des Plantes et du boulevard Bourdon, qui conduit au boulevard du Temple, a été commencé en 1802, et achevé en 1807. Les culées sont en pierre, les arches en fer.

Ce pont est d'une grande utilité pour les voitures et les gens de pied ; il rend en outre facile la communication, pour le commerce, des faubourgs Saint-Marcel et

Saint-Jacques avec le faubourg Saint-Antoine, ce qui embellit les approches du pont.

Du côté de l'Arsenal, le *Quai Morland* qui va rejoindre le boulevard Bourdon, et un chemin qui conduit le long de l'île Louviers au quai Saint-Paul.

Sur la même ligne vous voyez sur la rivière et sur le port au vin, ci-devant quai Saint-Bernard, des chantiers immenses de bois à brûler ; au bout de ce port, le *Pont de la Tournelle ou Saint-Bernard*, qui est construit avec six arches d'un grand caractère.

Quelques années avant la révolution on voyait la *Porte Saint-Bernard* élevée à la gloire de Louis XIV, dit *le Grand*.

Quai Saint-Bernard, tenant à la rue des Fossés-Saint-Bernard, va aboutir jusqu'au Jardin des Plantes ou boulevard de l'Hôpital ; le quai Saint-Bernard est le port au vin.

On voit encore *rue des Tournelles*, près ce quai, l'ancien *Couvent des Bernardins*, premier collége qui fut fondé à Paris.

Cette maison servait de dépôt en dernier lieu aux galériens qui devaient partir pour la chaîne.

Au-dessus des Bernardins est l'église de *Saint-Nicolas du Chardonnet*, reconstruite en 1656, et succursale de la paroisse de Saint-Etienne-du-Mont, douzième arrondissement.

Près de cette église est le *séminaire de Saint-Nicolas du Chardonnet*.

Quai de la Tournelle ou *des Miramiones*. Ce quai tient à la rue de Sartine, et va aboutir à la rue des Fossés-Saint-Bernard.

Il y a sur ce quai un port aux tuiles et aux ardoises, et un peu plus loin le marché aux veaux et au suif.

On voyait sur ce même quai la communauté des dames *des Miramiones*, fondée par madame de Miramion, veuve de M. de Beauharnais, seigneur de Miramion; elle était veuve à seize ans, jolie et fort riche. Dans cette maison est la *pharmacie générale des hôpitaux*.

A l'angle du quai Saint-Bernard et de la rue des Fossés-Saint-Bernard, est la halle aux vins qui sert de dépôt pour l'approvisionnement de Paris.

Jardin des Plantes ou *le Jardin du Roi*, donne d'un côté en face du pont d'Austerlitz, et de l'autre rue Saint-Victor, c'est-à-dire rue du Jardin des Plantes, au bout de laquelle se trouve la rue Saint-Victor.

Ce jardin et le Muséum d'histoire naturelle sont situés au levant de Paris.

En 1636 Guy de La Brosse, médecin de Louis XIII, engagea ce monarque à fonder un jardin pour la culture des plantes étrangères. Plusieurs ministres le protégèrent ; mais il fut par suite abandonné. MM. Valot et Fagon le repeuplèrent d'un grand nombre de plantes ; le catalogue qu'ils firent en 1665, sous le titre d'*Hortus regius*, se montait à plus de 4000.

La surintendance passa en plusieurs mains jusqu'en 1718, que Louis XV y nomma M. Leclerc, de l'académie française, qui fut nommé ensuite comte de Buffon, mort à Paris le 15 avril 1788. Ce jardin est devenu, par les soins de cet illustre naturaliste, l'un des établissemens les plus précieux de l'Europe.

Depuis dix ans le Jardin des Plantes s'est agrandi, vers le sud-est, de plusieurs arpens de terrain qui ajoutent à sa vaste

Jardin du Roi ou des Plantes.

étendue des promenades variées et des points de vue charmans.

La portion de terrain qui s'étend à droite, dans la direction du midi, est consacrée à la science : des serres y ont été bâties, et on y cultive des plantes médicinales.

L'école comprend :

1° Le jardin botanique et les serres ;
2° Le laboratoire de chimie ;
3° Le cabinet d'anatomie ;
4° Le cabinet de préparation pour l'anatomie et l'histoire naturelle ;
5° Une école de pharmacie ;
6° La bibliothèque, composée principalement d'ouvrages relatifs à l'histoire naturelle, où sont différens dessins très-curieux, et la statue de Buffon, par Pajou ;
7° Le cabinet d'histoire naturelle. On y remarque surtout la giraffe, l'hippopotame, le crocodile du Gange, des pétrifications trouvées à Maëstricht, et des poissons du Mont-Bolca, etc.;
8° La ménagerie. Elle contient un éléphant femelle, plusieurs lions et lionnes, deux dromadaires, deux chameaux, un ours, une autruche, etc., etc.

Curiosités historiques. On voit, dans un caveau, le tombeau et le corps de *Guy de La Brosse*, fondateur de l'établissement, et dont nous avons déjà parlé.

En l'an 2 (1794), on a célébré dans le Jardin des Plantes une fête à l'occasion de nouvelles conquêtes.

Le cabinet est ouvert tous les jours aux étudians, qui reçoivent, pour entrer, une carte de différens professeurs.

Les cours publics se font dans l'amphithéâtre, dans les galeries d'histoire naturelle et dans les écoles de botanique.

Les galeries et la bibliothèque sont ouvertes au public et aux étrangers les mardi et vendredi de chaque semaine, depuis trois heures jusqu'à la nuit.

La ménagerie est ouverte au public les mardi, jeudi et dimanche de chaque semaine, depuis onze heures du matin jusqu'à six du soir en été, et jusqu'à quatre dans l'hiver.

Les lundi, mercredi, jeudi et samedi sont réservés aux élèves du Muséum, et aux artistes qui dessinent l'histoire naturelle,

Hospice des Orphelins ou de la Pitié, vis-à-vis le Jardin des Plantes, dans la rue de ce nom. Cette maison, avant la révolution, portait le nom de *la Pitié*, ensuite celui d'*Orphelins de la Patrie ;* aujourd'hui succursale des malades de l'Hôtel-Dieu.

Sainte - Pélagie, *maison de force*, *rue de la Clef* ou *du Puits-l'Hermite*, C'était jadis un monastère fondé par une dame de Beauharnais de Miramion, la même qui fonda les filles Miramionnes, et où l'on renfermait les filles de mauvaises mœurs. Cette maison reçoit aujourd'hui tous les détenus pour dettes. On en compte ordinairement de cinq à six cents. Si l'on y avait mis tous ceux contre lesquels on a obtenu des contraintes par corps pendant les six derniers mois du règne de Buonaparte, le nombre en aurait été jusqu'à quarante mille ; il entrait dans son système de guerre de forcer par la misère tous les Français à prendre les armes. Sainte-Pélagie est destinée aussi pour les personnes qui sont à la disposition du procureur-royal près le tribunal de première instance. (*Police correctionnelle.*)

Rue Saint - Victor. Elle tient à celle Copeau et à la place Maubert : on y trouve un grand nombre de couverturiers de laine, des chaudronniers, des ferblantiers, etc.

On y voyoit la maison des *Nouveaux Convertis* à la foi.

L'Abbaye Saint-Victor fut fondée en 1113 par Louis-le-Gros. L'église a été bâtie sous François Ier en 1517. Cette riche abbaye servait de paroisse pour l'enclos.

Le tombeau de Santeuil était dans le cloître, près de l'église.

A droite de la *rue Copeau*, dans celle *Neuve-Saint-Étienne*, était la maison des *chanoinesses de l'ordre de Saint-Augustin*, *de la congrégation de Notre-Dame*, installées dans ce quartier depuis 1674.

En suivant la *rue Neuve-Saint-Étienne*, qui aboutit à celle des Fossés-Saint-Victor, on voit à l'entrée de cette dernière, à droite, la maison des ci-devant *Pères de la Doctrine Chrétienne*, congrégation de clercs séculiers.

Le ci devant collége ou séminaire des *Ecossais* est situé dans la même rue, au-dessus des Pères de la Doctrine Chrétienne.

En face de ce collége on voit la petite

maison n°. 920, où demeurait M. de Saint-Foix, auteur des *Essais sur Paris*.

Au-dessus, du même côté du collége Ecossais, était le monastère des religieuses *Anglaises*, sous le titre de *Notre-Dame de Sion*.

Prenant la rue *des Fontaines*, à gauche de celle du *Puits l'Hermite*, l'on arrive à la *rue d'Orléans*, où étaient les religieuses des *Filles de la Croix*.

Au-dessus des Filles de la Croix, dans la rue du *Censier*, à droite, le ci-devant hôpital de *la Miséricorde* ou les *Cent Filles*. Cette maison a été fondée par Antoine Séguier, président à mortier au Parlement de Paris, pour *cent filles* orphelines de père et mère, natives de Paris, de légitime mariage.

Louis XIV, en 1657, pour favoriser cet établissement, ordonna que les compagnons de toutes sortes d'arts et métiers, qui, après avoir fait leur apprentissage à Paris, épouseraient des filles orphelines de cet hôpital, seraient reçus maîtres sans payer aucun droit de banquet, de confrérie ou autres. A peu de distance, le

Séminaire de Saint-Firmin, rue des Fossés *Saint-Bernard*. C'était autrefois un séminaire connu sous le nom de *séminaire des Bons-Enfans*.

En 1792, la commune de Paris y fit enfermer quatre-vingt-douze prêtres, avec un chevalier de S.-Louis, âgé de soixante-un ans, dont soixante-dix-sept prêtres et le chevalier furent égorgés dans la journée du 3 septembre 1792. Dix-sept ont eu le bonheur de se sauver.

Fontaine d'Alexandre, rue *Saint-Victor*. Cette fontaine tire son nom d'une vieille tour à laquelle elle est adossée et qu'on nomme *la tour d'Alexandre*. On y lit ces deux vers du célèbre Santeuil, qui font allusion à la bibliothèque de Saint-Victor, qui en était voisine.

Quæ sacros doctrinæ aperit domus intima fontes,
 Civibus exterior dividit urbis aquas.

QUARTIER DE L'ISLE SAINT-LOUIS.

Cette île était anciennement partagée en deux par un bras de rivière qui la traversait dans l'endroit où se trouve *l'église de la paroisse de Saint-Louis*, à qui elle doit sa dénomination. Leur réunion n'eut lieu qu'au commencement du septième siècle, et ne fut terminée qu'en 1648.

On entre dans cette île par trois ponts; savoir : *Pont de la Tournelle, Pont de la Cité et Pont-Marie.* Il y a trois quais dans cette île : celui *d'Anjou*, celui *d'Alençon*, et celui *d'Orléans*.

Le *Pont-Marie* a été construit en 1625 par Marie, dont il porte le nom. On lui donna en paiement tout le terrain de l'île Saint-Louis, pour le dédommager.

Les rues de l'île Saint-Louis sont alignées. Celle que l'on trouve à l'entrée du *quai d'Orléans* porte le nom de *rue Saint-Louis*, et règne dans toute la longueur de l'île. Elle est traversée par trois rues; celle du milieu est appelée des *Deux-Ponts*, parce qu'elle commence à gauche, au Pont-Marie, et à droite à celui de la Tournelle.

Le plus bel hôtel était celui Bretonvilliers, bâti par Ducerceau pour le président Le Ragois-de-Bretonvilliers, qui fit construire le quai qui environne la pointe de l'île.

C'est le long de l'île Saint-Louis qu'est le port au charbon. Les bateaux y sont rangés par ordre de numéro, et chacun à son tour descend dans les autres ports de Paris.

On voit à la pointe de l'île une école de natation.

Pont de la Cité. Ce pont, qui conduit à Notre-Dame, a été achevé en 1803. Il est situé entre la Cité et l'île Saint-Louis ; il réunit ces deux îles : les piles et les culées sont en pierre, et le ceintre en fer, revêtu en bois. Ce pont sert aux voitures et aux gens de pied. L'on paye un sou par personne ; mais, depuis deux ans, un affaissement à l'arche a obligé de la dépaver et de suspendre le passage des voitures et des chevaux.

La construction de ce pont est nouvelle en France.

Depuis qu'on a abattu toutes les maisons du cloître Notre-Dame on découvre l'église.

Notre-Dame, église métropolitaine, dédiée à la Sainte-Vierge sous le titre de *Notre-Dame*, a porté le nom de Saint-Denis jusqu'en 522, qu'elle fut rebâtie sous le règne de Childebert I.er C'est la première église construite à Paris : elle l'a été sur les ruines d'un temple érigé à *Esus* ou à *Vulcain*, et à *Castor* et *Pollux*, par les

Eglise de Notre Dame.

commerçans de Paris, sous le règne de Tibère : c'est ce qu'on doit présumer d'après les pierres chargées de bas-reliefs qu'on a trouvées dans les fondemens, et qui sont exposées au Musée des monumens français, rue des Petits-Augustins.

Cette église fut élevée sous l'empereur Valentinien Ier, vers l'an 365, et dédiée à saint Etienne. Elle était encore la seule église qui existât dans Paris en 522, lorsque Childebert, fils de Clovis, contribua par ses largesses à la faire réparer, à y faire mettre des vitres, à l'agrandir et à l'augmenter d'une nouvelle basilique, qui fut dédiée à *Notre-Dame* : Philippe-Auguste la fit terminer l'an 1185. Le jour de la Pentecôte, il était d'usage de jeter par les ouvertures des voûtes d'en-haut des étoupes enflammées, et de lâcher des pigeons, qui volaient sur les assistans pendant la messe.

C'est un des plus vastes édifices de l'Europe ; il a trente-un mètres (soixante-cinq toises) de long sur quarante-sept mètres (vingt-quatre toises) de large, et trente-quatre mètres (dix-sept toises) de haut ; il est soutenu par cent vingt-huit piliers.

* 9.

La principale façade est composée de trois portes chargées de statues et de figures. Au-dessus de ces trois portes on a vu, jusqu'en 1792, sur une même ligne dans toute l'étendue de la façade, les statues en pierre de vingt-six rois de France, plus grandes que nature : elles représentaient les principaux bienfaiteurs de cette église, depuis Childebert Ier jusqu'à Philippe-Auguste, sous le règne duquel on croit que cette façade fut achevée.

On voyait en entrant à droite, contre le pilier le plus proche du chœur, la statue équestre de Philippe de Valois. Ce prince, en arrivant à Paris après la bataille de Cassel, alla à Notre-Dame, où il entra tout armé, et y laissa son cheval et ses armes, après avoir remercié Dieu et la Vierge de la victoire qu'il avait remportée.

D'après la constitution monarchique de 1791, on installa à Notre-Dame, le 27 mars 1791, l'évêque constitutionnel *Gobel*, ci-devant évêque de Lydda.

En 1793 on força cet évêque de se rendre à la barre de la convention nationale pour abjurer.

Le malheureux évêque Gobel fut décapité à Paris le 14 avril 1794 (24 germinal an 2).

La convention nationale, après avoir décrété que le peuple français reconnaissait l'Etre suprême et l'immortalité de l'âme, arrêta que l'église de Notre-Dame porterait désormais le nom de *Temple de la Raison*, inscription que l'on grava sur le portail.

La convention nationale se rendit dans cette église en 1794 pour y chanter l'*Hymne de la Raison*. Une jeune et jolie femme, vêtue à la romaine, la gorge et les bras nus, représentait la déesse de la Raison.

Les théophilanthropes ont exercé leur culte dans l'église Notre-Dame.

La commune de Paris, dirigée par le procureur-syndic Chaumette et son substitut (Hébert, dit le père Duchesne), y a célébré une fête de la liberté des Noirs. L'on a poussé l'indécence jusqu'à danser dans le temple du Seigneur.

Le 28 germinal an 10 (18 avril 1801), les premier, second et troisième consuls célébrèrent dans cette métropole la réintégration du clergé en France; M. du Belloy fut nommé archevêque.

L'empereur Napoléon et Joséphine y

ont été sacrés par le pape Pie VII le 3 décembre 1804.

Le comte d'Artois s'est rendu à Notre-Dame le 12 avril 1814, jour de son entrée à Paris, et Louis XVIII le 3 mai suivant.

Maison archiépiscopale et cloître Notre-Dame. La maison archiépiscopale est située au midi de la cathédrale. On y admire un grand escalier. C'est dans la grande salle de l'archevêché que l'assemblée nationale, après l'affaire des 4 et 5 octobre 1789, a tenu sa première séance à Paris, le 19 octobre; c'est dans cette salle que fut rendu le fameux décret qui déclara les biens du clergé *biens nationaux*; c'est enfin dans cette salle que les électeurs de Paris ont tenu leurs séances, etc.

Buonaparte a fait embellir ce palais, dans l'intention d'en faire la résidence du pape Pie VII. Le jardin est entouré d'une superbe grille. Le nouveau quai de la Cité fait le tour du jardin et du palais. Le cardinal Maury l'a habité en qualité d'archevêque de Paris, et n'en est sorti que le 17 mai 1814.

On vient de faire reparaître sur les grands vitraux de l'église Notre-Dame les fleurs de lis, couleur d'or, sur un fond d'azur, qu'on avait barbouillées avec de la peinture.

On remarque dans le cloître Notre-Dame, *cour des Chantres*, n° 10, maison de l'ancien chanoine Fulbert, sur la muraille donnant sur la cour, deux anciens médaillons sculptés, représentant Abailard et Héloïse. Selon la tradition c'est dans cette enceinte qu'eut lieu la vengeance de Fulbert; mais on ignore en quel cénacle, le local ayant beaucoup changé depuis 1142.

Ce fut au pied du terrain du jardin de Notre-Dame, qu'en 1467 Charlotte de Savoie, seconde femme de Louis XI, vint débarquer. Elle y fut reçue par l'évêque et par le parlement; elle alla faire sa prière à Notre-Dame; elle se rembarqua, remonta la rivière jusqu'aux Célestins, où elle alla descendre au palais des Tournelles.

Hôtel-Dieu, en la Cité. Cet hôpital, situé parvis Notre-Dame, est un des plus anciens monumens de la ville de Paris. Saint Landry paraît être son premier fondateur. Louis IX, autrement dit *saint Louis*, fit beaucoup de bien à cette maison.

Plusieurs personnes pieuses imitèrent son exemple. Henri IV fut aussi un de ses principaux bienfaiteurs.

Le nouveau portail de l'Hôtel-Dieu est du plus mauvais goût, ce qui fait contraste à côté de la superbe façade de la métropole. Vis-à-vis l'Hôtel-Dieu est *l'Administration des Hôpitaux* et secours à domicile.

Marché-Neuf et Marché-Palu. Ces deux marchés sont confondus ; ils sont situés entre le Pont-Saint Michel et la rue Neuve-Notre-Dame. Une partie de ces marchés se trouve sur le bord de la rivière. La place du Marché-Neuf fut commencée en 1568. On y fit construire une halle au poisson et deux boucheries couvertes. C'est sur l'emplacement de ces deux boucheries qu'on a construit la *Morgue* ou basse-geole. Nous sommes fâchés de voir à côté un marché. Des femmes, des jeunes filles, vont sans répugnance, sans sensibilité, et même sans pudeur examiner les cadavres exposés à la morgue. Il peut en outre arriver des accidens pour des femmes grosses.

Rue des Marmousets. Cette rue, fort étroite, a pris son nom d'une maison nommée le lieu des *Marmousets*. Un bout donne derrière le parvis Notre-Dame. Anciennement plusieurs traiteurs y avaient la vogue; tout Paris y venait pour acheter des pâtés qui étaient très-renommés.

C'est au coin de cette rue que demeurait la famille Régnaud, marchand de papier, dont le père, le fils, l'une des filles, et une tante, religieuse âgée de soixante ans, ont péri sur l'échafaud en l'an 2, accusés d'avoir *conspiré* contre Robespierre, parce que la fille aînée dit un jour que Robespierre était un tyran......

Rue Saint-Pierre-aux-Bœufs. Dans la petite église de ce nom, paroisse de *Sainte-Marie*, un jeune homme d'Abbeville profana et arracha l'hostie des mains du prêtre, en s'écriant : *Quoi ! toujours cette folie ?*

Ce jeune homme était très-instruit; il fut brulé vif.

C'est dans l'église de Saint-Pierre-aux-Bœufs qu'on mariait ceux que l'on condamnait à s'épouser par sentence. Anciennement on les mariait avec un anneau de paille. Etait-ce pour annoncer au mari que celle qu'il épousait était bien fragile ? Cela n'était pas très-charitable.

Petit port Saint-Landry, en la Cité. C'est sur ce port que le corps d'Isabeau de Bavière, femme de Charles VI, morte en 1735, fut confié à un batelier qui avait ordre de le remettre, sans autre cérémonie, au prieur de Saint-Denis. Il n'y eut pas d'autres frais pour ses obsèques.

Rue de la Juiverie. Cette rue est ainsi nommée à cause des Juifs qui y ont long-temps demeuré, et qui n'ont quitté ce quartier que lorsque Philippe-Auguste les chassa en 1183.

Rue Basse des Ursins. Le célèbre et incomparable poëte Racine a demeuré long-temps dans cette rue.

Rue de la Bûcherie. L'Université avait anciennement ses écoles des deux côtés de cette rue : elle prit le nom de *Fouarre* (vieux mot qui signifiait de la paille) de la grande consommation qu'en faisaient les écoliers : ils n'étaient assis dans les classes que sur de la paille. Ce bâtiment sert maintenant d'amphithéâtre pour des cours de chirurgie.

En remontant la rue de la Bûcherie, sur le côté de laquelle sont partie des bâ-

Rues du quartier Saint-Jacques.

timens de l'Hôtel-Dieu, on voyait la petite église de Saint-Julien-le-Pauvre.

Rue de la Huchette, l'une des plus anciennes de la Cité. Elle a eu une grande réputation pour les poulardes pendant l'espace de cent cinquante ans. La maison du plus fameux rôtisseur chez lequel on faisait des noces et festins s'est écroulée, le 7 février 1767, pendant la danse. Plusieurs personnes ont péri.

QUARTIER SAINT-JACQUES.

Nous allons parcourir la rue S.-Jacques et celles adjacentes, jusqu'à Ste.-Geneviève et la rue du faubourg Saint-Jacques; nous reviendrons par la place Saint-Michel, les rues de la Harpe, de l'Ecole de Médecine, etc.; les ponts Saint-Michel, de Notre-Dame, les quais des Orfèvres, de la Cité, de l'Horloge, le Palais de Justice, la place Dauphine, le Pont-Neuf, le quai des Augustins ou de la Vallée, et la rue Dauphine jusqu'au carrefour de Bussy, où se terminera notre première promenade.

Rue Saint-Jacques. C'est la principale rue du quartier appelé autrefois le *quar-*

tier latin; elle va toujours en montant jusqu'à la porte Saint-Jacques ou rue du faubourg de ce nom, où elle aboutit.

La rue Saint-Jacques est peuplée de libraires, d'imprimeurs en lettres et en taille-douce, de marchands de papiers blanc et peint, de marchands d'estampes ou images. Le plus fameux magasin est celui qui est au coin de la rue des Mathurins; on y trouve en gros toutes les caricatures et tous les saints possibles, même ceux inconnus. L'on croirait que M. Basset, propriétaire de ce magasin, a un moule, car toutes les physionomies se ressemblent. Néanmoins il est des saints dont il se fait un plus grand débit.

Les fabricans d'almanachs demeurent tous dans la rue Saint-Jacques; ce sont eux qui se chargent de distribuer des empires, d'annoncer la naissance, le mariage, la maladie et la mort d'un prince.

Autrefois les almanachs donnaient la liste des miracles arrivés dans l'année. La pluie, le beau temps, la gelée, les orages, les tempêtes et les comètes françaises et étrangères, sont des objets que les fabricans d'almanachs ne négligent pas.

Rue Saint-Séverin. Elle tient à la rue Saint-Jacques, à droite en montant. L'église paroissiale était archipresbytériale de Saint-Séverin ; elle est aujourd'hui la deuxième succursale de la paroisse Saint-Sulpice, onzième arrondissement.

On entre dans cette église par la rue Saint-Séverin. Ce n'était originairement qu'un petit oratoire, qui, par suite, prit le nom de *Saint-Séverin*, comme ayant servi de retraite à ce saint solitaire, mort, comme on le croit, sous le règne de Childebert. On ignore quand ce temple a été commencé ; l'histoire dit seulement qu'on a été obligé d'y faire des agrandissemens en 1495 : le maître-autel a été décoré de huit colonnes de marbre.

Rue des Noyers, à gauche de la rue Saint-Jacques. On voyait au coin la chapelle Saint-Yves ; le terrain sur lequel elle était bâtie fut donné par Philippe de Valois, en 1348, aux écoliers bretons étudiant à Paris, qui désiraient construire une chapelle et la dédier à Saint-Yves, dont le père avait été seigneur de Caumartin, auprès de Tréguier, en Bretagne.

Le roi Jean, fils de Philippe de Valois,

en posa la première pierre le 30 mai 1352; et en 1807 c'est un marchand de papier qui en a retiré la dernière, ayant acheté le terrain.

Rue Saint-Jean-de-Beauvais. Elle commence à la rue des Noyers, et se termine à celle Saint-Hilaire.

On y voyait le collége de Lisieux, qui devait son origine à Guy-de-Harcourt, évêque de Lisieux en 1336. Le célèbre *Rollin* a été principal de ce collége.

En revenant rue Saint-Jacques est

L'Église Saint-Benoît, dans le *cloître* de ce nom, ci-devant collégiale et paroissiale, et depuis troisième succursale de la paroisse Saint-Sulpice, maintenant supprimée.

L'histoire rapporte que c'est S. Denis qui a été le fondateur de cette collégiale; elle portait, avant Henri I, le nom d'église *Saint-Bacque.*

Michel Baron, le plus fameux comédien qui ait paru sur la scène, a été enterré dans cette église en 1729.

Le 6 avril 1807 on a fait dans l'église

Saint-Benoît la cérémonie funèbre de Jérôme Le Français Lalande, astronome.

Place Cambrai. On y voit le collége de France établi par François Ier. On y enseigne toutes les sciences et les langues. Ce collége a été reconstruit, depuis 30 ans, sur les dessins de M. Chalgrin. Sur le plafond d'une des salles est peinte une allégorie à la gloire des princes, par M. Taraval.

Il y a dix-huit professeurs.

Tour de Saint-Jean-de-Latran, cloître de ce nom, vis-à-vis le collége de France. Cette tour est à gauche en entrant par la place Cambrai. Elle est très-ancienne, et servait jadis aux pèlerins de Jérusalem.

La commanderie de Saint-Jean-de-Latran était anciennement le chef-lieu du grand prieuré de France, jusqu'à l'époque de la révolution. C'était un endroit privilégié pour les ouvriers qui ne pouvaient pas payer de maîtrise.

En sortant de Saint-Jean-de-Latran, on voit sur la place Cambrai une fontaine construite en 1624.

Rue Saint-Hilaire, tient aux rues de Saint-

Jean-de-Beauvais et des Sept-Voies. On y voyait une petite église dont le portail se trouvait en face la rue des Carmes, qui a été construite en l'an 1158. Elle fut profanée et ensanglantée en 1513 par deux peintres qui s'y querellèrent et s'y battirent à l'occasion d'un tableau qui représentait Adam et Ève dans le paradis terrestre. « L'enfant, « disait l'un, quand il est sorti du corps de « la mère, y reste encore attaché par un « assemblage de vaisseaux que l'on coupe « et qu'on noue le plus près du ventre « qu'il est possible, ce qui fait ce trou « qu'on appelle le *nombril :* or, Adam et « Ève n'ayant point eu de mère, il faut « être aussi sot que vous l'êtes, pour les « avoir représentés avec un nombril.... » La critique était juste, et c'est une faute que la plupart des peintres ont faite et font encore. (*Saint-Foix*, tom. 3.)

Derrière l'église S. Hilaire est la rue des Sept-Voies, où était le *collège* ou maison *des religieux de la Mercy*, fondé en 1520 par Allain d'Albret, comte de Dreux.

Les rues Charretière, Saint-Jean-de-Beauvais, des Amandiers, du Puits-Certain, sont habitées par des relieurs et doreurs de livres.

Du même côté de la place Cambrai, en reprenant la rue Saint-Jacques, on voit l'ancien *collége Duplessis-Sorbonne*. Il devait son premier nom à Geoffroy-Duplessis, qui le fonda, par acte du 2 janvier 1322 : il prit celui de Duplessis-Sorbonne lors de l'union que l'on en fit à la Sorbonne.

Au-dessus de ce collége était le *collége de Louis-le-Grand*, qui a été ci-devant occupé par les Jésuites, aujourd'hui le

Lycée de Louis-le-Grand, ci-dev. impérial.

Jacobins de la rue Saint-Jacques. Ce couvent, qui datait de 1217, a disparu depuis la révolution. On voit sur ce terrain un jardin, où il y a un bastringue été et hiver.

En face du terrain des Jacobins est la *rue Saint-Étienne-des-Grès*, où était la petite *collégiale de Saint-Étienne-des-Grès*. L'origine de cette collégiale datait de l'an 1055, sous le règne de Henri Ier.

Eglise Sainte-Geneviève, à côté de la nouvelle église dite *Le Panthéon*. Tout le monde a connu la châsse de sainte Geneviève, autour de laquelle on a vu des *ex voto* pour la remercier de la journée du 14 juillet 1789 et de celle du 10 août

1791. On découvrait cette châsse pour des cas extraordinaires, comme maladie du roi, ou pour faire cesser la pluie, et dans des temps de sécheresse pour avoir de l'eau, etc., etc.

Cette châsse était enrichie de diamans et de pierres précieuses. Tous les jours, du matin au soir, de bonnes gens venaient invoquer sainte Geneviève; ils payaient un petit cierge de deux ou quatre sous, qu'ils faisaient brûler contre la grille de la chapelle où était la châsse. Nous avons compté jusqu'à six cents cierges qui brûlaient à la fois.

Des profanes, en 1793, ont brûlé la châsse de sainte Geneviève sur la place de Grève. Ils ont eu attention vraisemblablement de mettre de côté les diamans, avec lesquels on pouvait acheter des biens nationaux pour plusieurs millions.

On a démoli la vieille église Sainte-Geneviève : on a percé une nouvelle rue sur son terrain.

Nouvelle église Sainte-Geneviève. Ce temple magnifique mériterait une description étendue.

La construction de ce temple majestueux

a été, dit-on, l'accomplissement d'un vœu de Louis XV pendant sa maladie à Metz. Il en posa la première pierre le 5 septembre 1764.

Louis XVI fit suspendre pendant trois ans les travaux de Sainte-Geneviève, parce qu'on avait quelques inquiétudes sur la solidité du dôme; ce qui s'est malheureusement réalisé.

La nouvelle dénomination et destination donnée à cet édifice par le décret de l'assemblée constituante, du 4 avril 1791, avait exigé de changer tous les bas-reliefs et les attributs dont-il était décoré, comme église de Sainte-Geneviève.

Le monument de Sainte-Geneviève ou Panthéon a déjà coûté vingt à vingt-cinq millions; il en coûtera peut-être encore trois ou quatre pour son achèvement. La prophétie de l'architecte Patte, qui disait que *le Dôme tombera quand la charpente sera tombée*, ne s'est pas accomplie.

La modeste fille sainte Geneviève ne se doutait pas qu'un jour on lui élèverait un temple aussi fastueux; elle ne prévoyait pas que les bas-reliefs qui représentent l'histoire de sa vie seraient remplacés par des emblèmes philosophiques, et que les restes de *Marat* y seraient déposés, etc.

Cet immense et magnifique édifice ne peut représenter sainte Geneviève, humble fille qui gardait les troupeaux; il serait difficile d'y reconnaître la patronne de Paris, qui fut bergère.

La construction de ce monument a fait la fortune pour dix générations de la famille de l'architecte Germain Soufflot, à qui l'on reproche d'avoir prodigué les beautés de l'art de l'architecture dans son portail, au préjudice de l'intérieur du temple, ce qui fit dire dans le temps : *M. Germain Soufflot a mis l'architecture à la porte.*

Voici le décret rendu le 4 avril 1791 par l'Assemblée nationale.

Art. I. Le nouvel édifice de Sainte-Geneviève sera destiné à recevoir les cendres des grands hommes, à dater de l'époque de la liberté française.

II. Le corps législatif décidera seul à quels hommes ces honneurs seront décernés.

III. Honoré Riquetti-Mirabeau est jugé digne de recevoir cet honneur.

IV. La législature ne pourra pas décerner cet honneur à un de ses membres venant à décéder ; il ne pourra être décerné que par la législature suivante.

V. Les exceptions qui pourront avoir lieu pour quelques grands hommes morts avant la révolution ne pourront être faites que par le corps législatif.

VI. Le directoire du département de Paris sera chargé de mettre promptement l'édifice de Sainte-Geneviève en état de remplir sa nouvelle destination, et fera graver au-dessus du portique ces mots :

AUX GRANDS-HOMMES
LA PATRIE RECONNAISSANTE.

VII. En attendant que le nouvel édifice de Sainte-Geneviève soit achevé, le corps de Riquetti-Mirabeau sera déposé à côté des cendres de Descartes, dans l'ancienne église de Sainte-Geneviève. Ce philosophe mourut à Stockholm en 1650 ; ses cendres furent transportées à Paris.

Par ce décret de l'Assemblée nationale il appartenait exclusivement aux corps législatifs de désigner les grands hommes. Ces messieurs voulaient vraisemblablement se rendre réciproquement cet honneur.

Le 5 avril 1791 le corps de Mirabeau fut déposé au Panthéon ; l'Assemblée nationale toute entière assista à ses obsèques, qui furent de la plus grande magnificence.

Le 11 juillet de la même année, les cendres de Voltaire y furent portées.

On lit sur les quatre côtés de son sarcophage :

« Aux mânes de Voltaire. L'Assemblée nationale a décrété, le 4 avril 1791, qu'il avait mérité les honneurs dus aux grands hommes.

« Poëte, historien, philosophe, il agrandit l'esprit humain, il lui apprit qu'il devait être libre.

« Il défendit Calas, Sirvant, de Labarre et Montbailly ;

« Combattit les athées et les fanatiques ; il inspira la tolérance, il réclama les droits de l'homme contre la servitude de la féodalité. »

Le 16 octobre 1791 décret de l'Assemblée nationale qui décerne à J.J. Rousseau les honneurs du Panthéon ; on lit sur son sarcophage :

Ici repose l'Homme de la Nature et de la Vérité.

Le 15 septembre 1792, décret de l'Assemblée législative qui décerne les honneurs du Panthéon à M. de Baurepaire, général français, qui se brûla la cervelle en 1792, à Verdun, dont il était commandant, lorsque cette ville fut prise par les Prussiens.

Ce décret n'a pas eu d'exécution.

Le 20 janvier 1793, décret de la Convention nationale, qui décerne les honneurs du Panthéon à Michel Lepelletier, représentant du peuple, assassiné par un nommé Páris, garde-du-corps de Louis XVI, chez un restaurateur du Palais Royal, pour avoir voté la mort du roi.

Le décret a été exécuté.

Le peintre David fit un tableau représentant Michel Lepelletier sur son lit de mort.

Le 6 nivôse an 2, décret de la Convention nationale, qui décerne les honneurs du Panthéon au jeune Barra, tambour, tué dans la guerre de la Vendée pour avoir refusé de crier *vive Louis XVII!*

Le décret n'a pas été exécuté. La mère du jeune Barra a eu une pension de 1000 liv. et 3000 liv. comptant.

Le 21 septembre 1793 (5 frimaire de

l'an 2), un décret de la Convention ordonne que le corps de Marat sera transféré au Panthéon, et que le corps de Riquetti-Mirabeau en sera retiré (1).

La Convention décréta aussi, « le jour de l'apothéose de Marat au Panthéon sera une fête pour toute la république. »

Le 24 octobre 1793 (premier nivôse an 2), décret de la Convention nationale qui décerne les honneurs du Panthéon aux restes de Châlier, décapité à Lyon.

Le décret n'a pas eu d'exécution; mais la Convention nationale accorda une pension de 300 fr. à la *citoyenne Padovany, qui, secondée de son fils dans la nuit qui suivit le supplice du vertueux Châlier, déterra son corps, s'empara de sa tête, qui a conservé ses traits.*

On voit, par ce décret, que la Convention nationale avait besoin de miracles.

---

(1) L'un des parens de Mirabeau dit à l'occasion de ce décret : « Dieu soit loué, voilà ma famille réhabilitée. »

Les cendres de Riquetti-Mirabeau ont été transportées et cachées dans le ci-devant cimetière auprès de l'église Saint-Étienne-du-Mont, lorsqu'on les a exclues du Panthéon, où elles avaient été déposées avec tant de pompe en 1791.

Un autre décret en faveur de Châlier porte : « Il est accordé une pension à la « citoyenne Pie, compagne du vertueux « Châlier; la pension sera égale à celle « dont jouit la veuve de J. J. Rousseau. »

Ainsi voilà la femme du philosophe Rousseau, assimilée à la concubine de Châlier.

Le 29 avril 1794 (9 floréal an 2), décret de la Convention nationale qui ordonne d'élever dans le Panthéon une colonne en marbre sur laquelle seront inscrits les noms des citoyens morts dans la journée du 10 août 1792, ainsi que ceux des républicains qui auront fait des actions héroïques, et que les noms des généraux *Haxo* et *Moulins* y seront gravés les premiers. »

Ce décret n'a pas été exécuté.

Quelque temps après le 28 juillet 1793 (9 thermidor an 2), les restes de Marat furent retirés du Panthéon et jetés dans l'égout de la rue Montmartre. Le même jour la famille de Michel-Lepelletier alla retirer son parent, dans la crainte qu'un nouveau décret ne déclarât Michel-Lepelletier indigne des honneurs du Panthéon.

Il n'y avait donc aucune sûreté de jouir

paisiblement de son dernier asile au Panthéon. Malgré tous les décrets, les événemens ou l'opinion publique vous faisaient déménager sans vous donner congé trois mois d'avance.

Toutes les assemblées législatives et toutes les factions ont voulu faire du Panthéon français le lieu de sépulture de leurs partisans, qu'ils qualifiaient de grands hommes, même Buonaparte ; mais l'opinion publique était en contradiction avec de pareils décrets.

M. Mercier, membre de la Convention nationale et de l'Institut, s'opposa à l'exécution du décret de l'Assemblée nationale du 4 avril 1791, et au décret de la Convention du 4 octobre 1793, qui ordonnait de transférer au Panthéon le corps de René Descartes, ainsi que sa statue, faite par le célèbre Pajou.

Les cendres de René Descartes furent déposées dans un sarcophage que l'on voit au Musée des Monumens Français.

Le 10 février 1795 (20 pluviôse an 3), un décret de la Convention nationale porte que les honneurs du Panthéon ne pourront être décernés à un citoyen que dix ans après sa mort, et que celui qui en sera retiré ne pourra y rentrer.

Cette disposition était d'autant plus sage, que ce n'est que long-temps après leur mort que l'on peut bien apprécier le mérite, la conduite et les actions des hommes d'état.

Malgré tous les décrets rendus par les législateurs, il n'est resté au Panthéon de grands hommes que Voltaire et Rousseau.

Le 20 février 1806, titre II d'un décret impérial :

« L'église Sainte-Geneviève doit être terminée et rendue au culte, conformément à l'intention de son fondateur, sous l'invocation de Sainte Geneviève, patronne de Paris.

« Elle conserve la destination qui lui avait été donnée par l'Assemblée constituante ou nationale, et elle est consacrée à la sépulture des grands dignitaires, des grands officiers de l'empire et de la couronne, des sénateurs, des grands officiers de la légion d'honneur, et, en vertu des décrets impériaux ; des citoyens qui, dans la carrière des armes ou dans celle de l'administration et des lettres, auront rendu d'éminens services à la patrie. Leurs corps embaumés seront inhumés dans l'église.

« Les tombeaux déposés au Musée des Monumens Français doivent être transportés dans cette église, pour y être rangés par ordre de siècles.

« Le chapitre métropolitain de Notre-Dame, augmenté de six membres, est chargé de desservir l'église Sainte-Geneviève, et la garde de cette église est spécialement confiée à un archi-prêtre choisi parmi les chanoines. »

Ce même décret porte : Il y sera officié solennellement le 3 janvier, fête de sainte Geneviève ; le 15 août, fête de Saint Napoléon et anniversaire de la conclusion du concordat ; le jour des Morts et le premier dimanche de décembre, anniversaire du couronnement et de la bataille d'Austerlitz ; et toutes les fois qu'il y aura lieu à des inhumations en vertu de ce même décret, suivant lequel aucune autre fonction religieuse ne peut être exercée dans ladite église qu'en vertu de l'approbation de l'Empereur. » Tous les sénateurs morts ont été inhumés dans l'église de Sainte-Geneviève, d'après les *grands services rendus à leur patrie.*

Bibliothèque de Sainte-Geneviève, ouverte tous les jours. Environ quatre-vingt mille volumes et deux mille manuscrits composent sa richesse. On y remarque la coupole peinte par Restout. Il y a un cabinet d'antiques très-curieux, et un plan de Rome en relief, exécuté en 1776. A côté est le

Lycée Henri IV, ci-devant Napoléon; de l'autre côté

L'école de Droit, beau bâtiment construit en 1771 sur les dessins de *Soufflot*.

La maison de la *communauté des Filles de Sainte-Geneviève* est à l'angle de la rue des Prêtres, sur cette place.

L'Eglise Saint-Etienne-du-Mont, près de Sainte-Geneviève, l'une des plus anciennes de Paris, est aujourd'hui paroisse. Cet édifice est de l'an 1221; Marguerite de Valois en a fait faire le portail en 1610. Dans cette église et dans le ci-devant cimetière qui était en face reposent beaucoup de savans et gens illustres, tels que *Pierre Perrault*, *Eustache Le Sueur*, le Raphaël de la France, *Jean Racine*, *Blaise Pascal*, *Joseph Pitton de Tournefort*, le plus célèbre botaniste, *Fréron*.

Rue du Mont-Saint-Hilaire. Les amateurs de têtes de veau farcies en trouveront dans cette rue depuis 6 fr. jusqu'à 150 fr.

Rue Neuve-Sainte-Geneviève, entre la rue de Fourcy et la rue des Postes. On voyait dans cette rue la *Communauté de Sainte-Aure*, fondée en 1687, sous le nom de *Sainte-Théodore*.

C'est dans cette communauté que la comtesse Dubarry, fille Vaubernier, et la dernière courtisane de Louis XV, a été élevée.

Au sortir de la rue Neuve de la Montagne on rencontre la

Rue de Rheims, où se trouve le *Collége de Sainte-Barbe*, fondé et 1430. D'anciens professeurs de ce collége ont monté un pensionnat qui rivalise les meilleurs lycées. M. Lanot, propriétaire et directeur de cet établissement, mérite la reconnaissance publique.

Le collége des Grassins rue des Amandiers, est vis-à-vis celle de Rheims.

En continuant la rue des Amandiers qui aboutit à la petite place, au milieu de laquelle est la fontaine de la montagne Ste.-Geneviève, dont l'eau vient d'Arcueil, on trouve la

Rue des Sept-Voies. **Prison de Montaigu** pour la discipline militaire. Cette maison était le ci-devant *collége* dit *Montaigu*.

Rue des Carmes, au bout de la rue des Sept-Voies. On voit sur la gauche le bâtiment du ci-devant séminaire des *Prêtres Irlandais* ou *Collége des Lombards* qui avait d'abord été fondé en 1333 pour onze clercs italiens.

Rue de la Montagne-Sainte-Geneviève. On voit dans cette rue, justement nommée *Montagne*, car les voitures ont beaucoup de peine à la gravir, le ci-devant *Séminaire des Trente-Trois*, qui a été institué en 1633 ;

Le collége de Laon, fondé en 1313 ;

Le collége de la Marche, fondé en 1362 ;

Le collége de Navarre, fondé en 1304 par *Jeanne de Navarre*, comtesse palatine de Brie et de Champagne, reine de France. La première pierre en a été posée le 2 avril 1309. L'église ne fut dédiée sous le nom de St.-Louis que 64 ans après.

Ecole Polytechnique, rue de la Montagne Sainte-Geneviève, à l'ancien collége de Navarre. Cette école est instituée pour le perfectionnement des sciences physiques et mathématiques.

Il y a une bibliothèque.

L'école polytechnique a occupé plusieurs années une partie du palais Bourbon.

Carmes de la place Maubert. Le grand couvent des ci-devant Carmes est au bas de la rue de la Montagne-Sainte-Geneviève, faisant l'angle de celle des Noyers. Il a été bâti vers l'an 1317.

La direction générale de la dette publique, qui était établie dans le ci-devant couvent de Panthémont, est actuellement dans le bâtiment des Carmes.

On construit maintenant sur le terrain des Carmes un marché pour y transférer celui de la place Maubert.

Place Maubert, située au bas de la rue de la Montagne-Sainte-Geneviève. On voit sur cette place une fontaine et un corps-de-garde.

Marché de la place Maubert. C'est l'un des marchés les plus considérables après celui de la Halle. On a fait beaucoup d'histoires sur la prétendue intimité qui existait entre les jolies marchandes de ce marché et les moines Carmes de la place Maubert.

Place Saint-Michel.

Nous allons prendre la rue St.-Hyacinthe, qui conduit à la place St.-Michel et dans la rue de la Harpe. Tout ce quartier est bâti sur des carrières.

La place Saint-Michel, jadis la porte Saint-Michel, abattue en 1684, pour donner plus d'ouverture à ce quartier. Elle sert aujourd'hui de place pour les fiacres. On y trouve un jeu de paume.

Il y a un corps-de-garde.

La fontaine qu'on y voit sur la gauche, attenant le passage des Jacobins, a été construite par l'architecte *Bullet*. Elle est ornée de deux colonnes doriques, sous un arc assez élevé. On y lit les deux vers suivans faits par *Santeuil*, et gravés en lettres d'or sur une table de marbre de Dinan :

Hoc in monte suos referat sapientia fontes.
Ne tamen hanc puri respue fontis aquam.
1687.

C'est en 1418, durant les guerres civiles sous le règne de Charles VI, que les bouchers érigèrent une statue sur cette place à Perinet Leclerc, fils d'un cartinier de la ville.

Rue des Francs-Bourgeois. Elle donne

d'un bout sur la place Saint-Michel, et de l'autre rue de Vaugirard. On y voyait le séminaire de Saint-Louis pour 140 étudians.

Rue de la Harpe. C'est à l'entrée, à droite, en quittant la place Saint-Michel, qu'on voit dans cette rue, en face du ci-devant collége d'Harcourt, une boutique de pâtissier, la même où le fameux pâtissier *Lesage* avait acquis une si grande réputation dans ce genre de gourmandise. Il fallait se faire écrire la veille pour avoir un pâté.

Collége d'Harcourt. Ce collége était situé presqu'en face la place de Sorbonne. Il fut fondé en 1280 par Raoul d'Harcourt, chanoine de l'église de Paris ; mais étant mort, son frère, évêque de Coutances, acheva ce qu'il avait commencé. Ce collége a été rebâti en 1675 ; on estime l'architure de la porte.

Plusieurs des bâtimens de l'intérieur ont été démolis et reconstruits.

Ce bâtiment renferme des ateliers de tanneurs, serruriers, selliers, etc.

Place et collége de la Sorbonne. La place de Sorbonne, qui est de forme carrée, a son entrée principale par la petite rue de *Richelieu*, qui communique à la rue de *la Harpe*. Le fond de cette place est décoré par le portail de l'église de la Sorbonne.

Le collége de Sorbonne fut fondé par Robert, né à Sorbon ou Sorbonne, village près de Réthel en Champagne, dont il prit le nom, suivant l'usage de son temps. Il fut d'abord chanoine de Cambrai, puis de Paris. Son mérite lui procura les faveurs de saint Louis, dont il devint chapelain, puis confesseur, et qu'il accompagna dans son voyage d'outre-mer. Une petite inscription, gravée sur une lame de cuivre, et attachée au-dessus de la petite porte de l'église, en dedans, annonçait que ce roi contribua, en 1253, à la fondation de cette maison.

La célébrité de ce collége se répandit bientôt dans toute l'Europe. Le cardinal de Richelieu, qui avait été bachelier et prieur de cette maison, en étant devenu proviseur, crut immortaliser son nom en faisant rétablir de fond en comble ce collége.

Richelieu mit le comble à la magnificence des bâtimens de la superbe église qu'on voyait encore il y a vingt-quatre ans. Il en posa la première pierre le 15 mai 1635, et elle ne fut achevée qu'en 1653.

Le tombeau du cardinal de Richelieu fut placé, en 1694, au milieu du chœur.

Ce superbe mausolée est actuellement au Musée des Monumens français, rue des Petits-Augustins.

Le czar Pierre-le-Grand étant venu en France en 1719, fut conduit à la Sorbonne; on lui montra le mausolée de ce cardinal; il s'écria avec transport : *Grand homme, que n'es-tu encore en vie ! je te donnerais la moitié de mon empire pour apprendre de toi à gouverner l'autre.*

Les Français n'ont pas tous la même opinion que Pierre-le-Grand.

Un auteur célèbre dit que les disputes théologiques ont failli plusieurs fois bouleverser l'Europe, et donner lieu en France à un grand nombre de lettres de cachet; que les évêques en avaient en *blanc* pour poursuivre le *jansénisme*.

Le grand Frédéric écrivit à d'Alembert : « J'ai maintenant ici un docteur de Sorbonne qui me donne des leçons d'absurdités théologiques dont je profite à vue d'œil; il m'a enseigné des formules d'une déraison inconcevable, dont je compte faire usage dans le premier ouvrage théologique que j'écrirai. Fier d'aussi belles études, et rempli d'une noble audace, je n'aspire pas à moins qu'à devenir docteur de Sorbonne à mon tour ; et après avoir déjà donné des preuves de ma science par l'ouvrage de *Barbe-Bleue*, je compte parvenir à la charge de commentateur en titre de la sacrée faculté. Quelque peine que se donne votre engeance théologique pour flétrir Voltaire après sa mort, je n'y reconnais que l'effort impuissant d'une rage envieuse, qui couvre d'opprobre ceux qui en sont les auteurs. La haine théologique ne saurait l'empêcher de se promener dans les Champs-Elysées en la compagnie de Socrate, d'Homère, de Virgile, de Lucrèce, appuyé d'un côté sur l'épaule de Bayle, de l'autre sur celle de Montagne ; et jetant un coup-d'œil au loin, il verra les papes, les cardinaux, les patriarches, les persécuteurs, les fanatiques souffrir dans le Tartare les peines des Ixion, des Tantale, des Prométhée et de tous les fameux criminels de l'antiquité.

« Ce que vous m'apprenez au sujet de l'indigne traitement que vos moines ont fait au cadavre de Voltaire, m'excite à le venger de ces scélérats qui osent exercer leur vengeance impuissante sur les restes éteints du plus beau génie que la France ait produit.

« Je vous prie de m'envoyer son buste, je le placerai dans notre sanctuaire des sciences, où il pourra rester à demeure; au lieu que si on le mettait dans une église, son ombre en serait indignée. »

Église de Cluny aujourd'hui supprimée.

En descendant la *Rue de la Harpe*, il faut s'arrêter vis-à-vis l'ancien hôtel du Bœuf-Couronné, à une ancienne maison qui a pour enseigne la *Croix-de-Fer*; vous y trouverez au fond de la cour le plus ancien monument de Paris, reste du *palais des Thermes*, bâti par l'empereur Julien vers l'an 357, et habité par ce prince pendant son séjour à Paris. C'est le premier exemple d'habitation extérieure à la cité. Clovis, Childebert et autres rois de la première, seconde race, et même quelques-uns de la troisième, logèrent aussi dans ce palais, qui, du temps de Louis-le-Jeune, était appelé le *Vieux-Palais*.

Ce fut à peu près à cette époque qu'il

fut abandonné, et que partie en fut abattue, l'autre vendue ; et l'on perça des rues sur le terrain de ses jardins.

Le 9 septembre 1605, un homme qui chantait la chanson *de Colas* fut tué par un protestant rue de la Harpe. Le Journal de Henri IV dit : « Cette chanson avait été faite contre les huguenots par un tas de *faquins séditieux*, au sujet d'une vache qu'on disait être entrée dans un de leurs temples, près de Chartres ou d'Orléans, pendant qu'on y faisait la prêche : ayant tué cette vache, qui appartenait à un homme très-pauvre, nommé *Colas*, ils avaient ensuite fait une quête à Paris et dans toutes les villes et villages de France pour l'indemniser de cette perte. »

Il était déjà passé en proverbe de dire, quand on voulait désigner un huguenot, c'est la *vache à Colas*.

Cette chanson était chantée dans les rues par ceux qui voulaient exciter une sédition contre les protestans.

Le lendemain du meurtre on publia une défense de chanter à l'avenir la chanson de *Colas*, sous peine d'être pendu.

Rue des Mathurins, située entre les rues

de la Harpe et Saint-Jacques. *L'hôtel de Cluny* était l'une des dépendances du palais des Thermes : la plus grande salle a servi de dépôt à un tonnellier. Cet hôtel est habité par un imprimeur ; des domestiques occupaient les chambres où Charlemagne fit enfermer ses deux filles pour des scènes amoureuses.

Près de l'hôtel de Cluny était le monastère des chanoines réguliers de la *Saint-Trinité de la Rédemption des Captifs*, dits *Mathurins*, vis-à-vis l'issue du cloître Saint-Benoît. Ils furent institués en 1198 par Jean de Matha et Félix de Valois, et suivant les règles de saint Augustin.

Rue du Foin-Saint-Jacques. C'est dans cette rue qu'était la chambre syndicale des libraires et imprimeurs de Paris, et

Le *collége de Maître Gervais*, qui sert aujourd'hui de caserne.

Le *palais de la reine Blanche*, dont il existe encore une partie faisant l'encoignure de la rue Boutebrie.

Rue de l'Ecole de Médecine, ci-devant des Cordeliers. Cette rue a changé plusieurs fois de nom pendant la révolution.

Son ancien nom est rue des *Cordeliers* : on l'a baptisée rue de *Marseille*, rue de *Marat*, rue de la *Santé*, et actuellement rue de l'*Ecole de Médecine*.

Marat demeurait dans cette rue lorsqu'il fut assassiné dans son bain, le 13 juillet 1793, par Charlotte Corday, venue exprès à Paris de la ville de Caen. C'est dans le couvent des Cordeliers que le fameux club des Cordeliers a tenu ses premières séances. Le bataillon des Marseillais, venu à Paris pour coopérer à la journée du 10 août 1792, a logé dans ce couvent.

C'est dans le jardin des Cordeliers que Marat fut enterré, le 16 juillet 1793, après une pompe funèbre digne de ce temps. Son corps en fut retiré pour être porté au Panthéon, d'où il fut encore retiré pour être jeté, comme nous l'avons déjà dit, dans l'égout Montmartre.

Il ne reste aucun vestige ni de *l'église* ni du *couvent*, à l'exception d'une portion de bâtimens sur la rue de l'Observance, où l'on a établi un hospice pour vingt-cinq lits, consacrés à des maladies qui méritent toute l'étude de la médecine.

En 1780, une société de savans s'est assemblée dans l'une des salles du couvent des Cordeliers, sous le nom de *Musée de Paris* : cette société était composée de gens de lettres et d'artistes.

On lit dans le journal de l'Etoile, pour servir à l'Histoire de France (année 1577), « qu'une jeune fille fort belle, déguisée en homme, et qui se faisait appeler *Antoine*, fut découverte et prise dans le couvent des Cordeliers. Elle servait, entr'autres frères, *Jacques Besson*, qu'on appelait *l'Enfant de Paris et le Cordelier aux belles mains*.

« Ces révérends disaient tous qu'ils croyaient que c'était un vrai garçon : on s'en rapporta à leur conscience. Quant à cette fille-garçon, qui se disait mariée, et qui, par *dévotion*, avait servi dix à douze ans ces bons religieux, sans jamais avoir été intéressée en son honneur, elle en fut quitte pour le fouet.

L'Etoile doute que l'honneur d'une fille puisse être aussi miraculeusement respecté par les révérends pères Cordeliers, surtout d'après la chronique du temps.

Ecole de Médecine. Ce superbe bâtiment est un monument unique en Europe :

École de Médecine.

l'élégance et la majesté de l'ensemble se réunissent à la pureté des détails. Il a été élevé sous le règne de Louis XV, et achevé sous celui de Louis XVI, d'après les dessins de Gondoin, architecte du roi. Rien de plus curieux que la collection d'instrumens de chirurgie et d'anatomie, ainsi que la bibliothèque, qui est publique trois fois par semaine.

Au commencement du règne de François Ier, la dissection du corps humain passait pour un sacrilége. Aujourd'hui il faut des cadavres aux jeunes chirurgiens et médecins pour faire leurs études et apprendre à tuer les vivans.

L'Ecole de Médecine a réuni les deux Ecoles de Médecine et de Chirurgie.

Place de l'Ecole de Médecine. Il manquait à l'Ecole de Médecine une vaste et belle place, afin de pouvoir jouir de toutes les beautés de cet édifice : Buonaparte a fait construire sur l'ancien terrain de l'église des Cordeliers une *fontaine* d'après les dessins de l'architecte Gondoin. Cette fontaine, qui forme le parallèle de la façade de l'Ecole de Médecine, n'est pas digne de ce beau monument.

Place de l'École de Médecine.

On y lisait cette inscription qui vient d'être effacée :

Napoleonis Augusti Providentia.
 Divergium sequana
Civium Commodo Asclepiadei
 Ornamento.

L'ancienne fontaine de l'Ecole de Médecine, ci-devant des Cordeliers, qui était au coin de la rue de ce nom, fut construite en 1672, lorsqu'on abattit la porte de la ville située dans cet endroit : elle fut ensuite rebâtie en 1717, telle qu'on la voyait avant sa suppression.

On y lisait ces deux vers de Santeuil :

Urnam nympha gerens dominam properabat in urbem.
 Hic stetit, et largas læta profudit aquas.

Le latin de Santeuil est plus clair que celui fait en l'honneur de Buonaparte.

L'École gratuite de dessin est rue de l'Ecole de Médecine. Louis XV, en 1767, établit, par lettres-patentes, une école gratuite en faveur de quinze cents enfans auxquels on enseigne la géométrie et l'architecture, la figure, les animaux, les fleurs et les ornemens. Il y a encore une école de mosaïque.

On voyait la petite paroisse de *Saint-Côme* au coin de la rue de Cordeliers. La cure était à la nomination de l'Université depuis 1345.

Rue du Paon. Elle donne d'un bout rue de l'Ecole de Médecine et de l'autre rue du Jardinet.

Cour du Commerce. Cette cour a été construite en 1776 sur l'emplacement de plusieurs jeux de boules. Elle forme un passage, d'un bout, rue de l'Ecole de Médecine, et de l'autre rue Saint-André-des-Arcs : il y a encore une issue rue des Fossés S. Germain-des-Prés.

C'est dans ce passage que demeurait *Danton*, avocat au conseil, ensuite procureur de la commune, ministre de la justice et membre de la convention nationale, condamné à mort par la faction de *Robespierre*.

La rue Haute-Feuille donne d'un côté rue de l'Ecole de Médecine, et de l'autre rue Saint-André-des-Arcs. Les *Prémontrés* avaient un couvent dans cette rue :

leur église a été rebâtie en 1618 par Anne d'Autriche. Elle sert aujourd'hui de magasin pour l'Encyclopédie méthodique.

La rue Serpente tient à la rue Haute-Feuille et à la rue de la Harpe. On y voyait le collége de *Tours*, fondé en 1333 par *Etienne de Bourgeuil*, archevêque de Tours.

Rue du Battoir, située entre les rues Haute-Feuille et de l'Eperon.

L'hospice de vaccination gratuite est dans cette rue: c'est un établissement qui fait honneur au gouvernement et aux médecins qui y donnent leurs soins gratuits.

Rue des Deux-Portes. Elle donne dans les rues Haute-Feuille et de la Harpe.

Le célèbre *Crébillon* y a demeuré long-temps ; il y mourut le 14 février 1762. Tous les corps comiques se réunirent à Saint-Jean-de-Latran pour lui rendre les honneurs funèbres. La fameuse *Clairon* avait pour écuyer un arlequin, qui la conduisit à l'offrande.

L'archevêque de Paris se formalisa de voir une réunion d'*excommuniés* ordonner des prières pour un poëte célèbre. Le principal desservant fut interdit pour six mois.

Le 6 septembre 1764 il y eut un service pour le fameux Rameau, digne successeur de Lulli. Les artistes des trois grands théâtres s'y trouvèrent réunis.

Chaumette, procureur de la commune de Paris en 1793, a demeuré dans la rue des Deux-Portes. Il a été décapité en 1794.

Rue des Poitevins. Elle donne rue Haute-Feuille et rue du Battoir. L'imprimerie et le bureau du Moniteur sont dans cette rue, dans la même maison qu'occupait le libraire Pankoucke ; c'est là qu'il a exécuté ses grandes spéculations en librairie ; Mémoires de l'Académie, Histoire Naturelle de Buffon, le grand Vocabulaire français, le Mercure, l'Encyclopédie par ordre de matières, le Moniteur, etc., etc.

Rue-Saint-André-des-Arcs. Cette rue fut ainsi nommée parce qu'on y vendait des arcs et des flèches.

Durant les guerres civiles, sous le règne de Charles VI, la nuit du 28 au 29 mai 1418, Perrinet-Leclerc, fils d'un *quar-*

tinier de la ville, prit sous le chevet du lit de son père, qui demeurait dans cette rue, les clefs de la porte de Bussy et l'ouvrit aux troupes du duc de Bourgogne. Le peuple se joignit à la troupe, pilla, tua ou emprisonna tous ceux qui s'étaient opposés à la faction de ce prince, et qu'on appelait les *Armagnacs*. Le 12 juin, le carnage recommença, et la multitude dirigée par des scélérats courut aux prisons, tua deux archevêques, six évêques, des conseillers, des présidens et les plus notables des bourgeois. Le corps du connétable Armagnac, et celui du chancelier Henri de Marle, après avoir été traînés dans les rues, furent jetés à la voirie.

Les bouchers érigèrent ensuite à Perrinet-Leclerc, à la place du pont Saint-Michel, une statue dont on voyait le tronc il y a peu d'années: il servait de borne à la maison qui fait le coin de la rue Saint-André-des-Arcs et de la rue de la Vieille-Boucleric.

L'église paroissiale de Saint-André-des-Arcs a été entièrement démolie; on a fait une place sur le terrain. On se demande s'il a existé dans cet endroit un temple du Seigneur, qui datait de la fin du douzième siècle. En face était *le collège de Boissy*, fondé en 1354 par Godefroi de Boissy. Près de là est la rue du Cimetière-Saint-André-des-Arcs.

On voit dans la rue Saint-André-des-Arcs le fameux magasin de moutarde et de vinaigre de M. *Accloque*, successeur de M. *Maille*, qui s'intitulait: *Vinaigrier de S. M. l'Impératrice de toutes les Russies.*

Feu *Maille* doit sa célébrité à son vinaigre astringent, qui unit de même la femme et le mari, prévient les dissensions, leur rupture, et fait disparaître tous les soupçons fâcheux, évite les reproches désespérans, consolide le bonheur matrimonial dans la pleine confiance des caresses mutuelles.

M. Accloque, successeur de Maille, s'efforce de mériter la confiance, particulièrement pour le vinaigre indispensable à la toilette de certaines femmes.

La rue Pavé-S.-André-des-Arcs donne sur le quai des Augustins et rue Saint-André-des-Arcs.

C'était là la grande manufacture de souliers des *Frères Cordonniers*, qui, disaient-ils, s'étaient réunis quoique séculiers pour vivre religieusement et s'adonner à l'une des professions les plus *viles* par humilité: ils étaient vêtus en noir, portant le rabat et un chapeau rabattu.

Rue de l'Éperon. Elle donne dans celle Saint-André-des-Arcs. Au coin de ces deux rues était bâti le *palais d'Orléans*, habité par Philippe, duc *de Valois*, cinquième fils de *Philippe de Valois*. Après sa mort, l'hôtel passa à *Louis de France, duc d'Orléans*, fils du roi Charles V, qui le vendit à son frère, le roi Charles VI, en 1401, moyennant 22500 liv.: il lui revint depuis. C'est là où demeurait Valentine de *Milan*, sa femme, lorsqu'elle vint demander justice de sa mort. Son petit-fils le vendit en 1484, avant de parvenir à la couronne. Des particuliers y firent bâtir différens hôtels et maisons, dont l'hôtel de Châteauvieux fait partie.

La rue Mignon donne dans les rues du Battoir et du Jardinet.

Le collége de Grandmont, qu'on y voyait, se nommait originairement *collége Mignon*; il fut fondé en 1343 par *Jean*

Mignon, archidiacre de Blois, pour douze boursiers de sa famille.

Quai de la Vallée ou des Augustins. Ce quai commence au pont Saint-Michel, et se termine à la rue Dauphine.

Le couvent des Grands-Augustins, qui était sur ce quai, lui a donné son nom.

Ces religieux étaient originairement des hermites qui embrassèrent, en 1256, la règle de saint Augustin. Henri III choisit cette église pour l'institution de l'ordre du Saint-Esprit, le premier janvier 1579. Ce prince y reçut celui de la Jarretière le dernier février 1585, et y établit sa compagnie de Pénitens.

C'est aussi cette église que le Parlement avait affectée pour la procession générale qui se faisait tous les ans, le 22 mars, en mémoire de la réduction de Paris sous l'obéissance de Henri IV, à pareil jour, en 1594. Ce fut dans une salle de ce monastère que Louis XIII fut reconnu roi, et Marie de Médicis déclarée régente.

Les archives des ordres de la noblesse et des ordres du roi étaient dans les bâtimens des Augustins.

C'est aussi dans ce couvent que se tenaient les assemblées du clergé de France, qui n'avaient commencé à être réglées que depuis 1606. Le cardinal Dubois fut élu président de celle qui eut lieu en 1723.

Ces religieux, qui tiraient parti de tout, louaient une grande salle de leur couvent pour faire des ventes publiques.

L'histoire n'oubliera pas que la dernière assemblée du clergé, qui a refusé de venir au secours des finances du roi en 1787, a eu lieu dans le couvent des Grands-Augustins, refus qui a été la sentence de mort du clergé de France. L'archevêque de Narbonne, M. Dillon, en fut le président.

Presque toutes les boutiques du quai des Augustins sont occupées par des libraires. Nous ignorons pourquoi on le nommé aussi *quai de la Vallée*, et pourquoi l'on a choisi pour marché à la volaille un endroit consacré à une branche de commerce bien différente ; car il n'y a point d'analogie entre des dindons et des marchands d'Horace, de Virgile, etc. Il semble que ce soit une épigramme contre les syndics de la librairie, qui ordinairement habitaient ce quai.

Le nouveau marché à la Volaille est construit sur le terrain de l'ancienne église des Augustins.

Nous remarquons que les bibliothèques de gibier et de volailles sont beaucoup plus fréquentées que celles des libraires.

Rue Gît-le-Cœur, au bout du quai des Augustins. Presque au commencement de cette rue, du côté du quai, François Ier fit bâtir un petit palais qui communiquait à un hôtel qu'avait la duchesse d'Étampes dans la rue de l'Hirondelle; les peintures à fresque, les tableaux, les tapisseries, les salamandres accompagnés d'emblèmes, et de tendres devises annonçaient le Dieu et les plaisirs auxquels ce lieu était consacré. L'une de ces devises était un *alpha* et un *omega*, ce qui voulait dire, *il brûlera toujours*. Le cabinet des bains de la duchesse d'Étampes a servi depuis d'écurie à une auberge qui avait retenu le nom de la *Salamandre;* un chapelier faisait sa cuisine dans la chambre du *lever* de François Ier, et la femme d'un libraire était en couche dans *son petit salon des délices*.

Sur le même quai des Augustins, à la ci-devant auberge du cheval blanc, était l'*hôtel d'Hercule*, ainsi nommé des travaux d'Hercule qu'on y avait peints. Louis XII le donna au chancelier Duprat, qui l'a habité. C'est dans cet hôtel qu'en 1573 Charles IX, Henri de France, roi de Pologne, et Henri de Bourbon, roi de Navarre, furent sur le point d'être assassinés par Vitaux, petit-fils du chancelier Duprat, l'un des hommes les plus déterminés de son temps : il s'était caché dans l'une des pièces de l'hôtel, avec quatre hommes du complot.

Nous allons revenir sur nos pas pour parcourir le pont Saint-Michel, les places et rues adjacentes au palais de Justice, le pont au Change, le pont Notre-Dame, quai de la Cité, les quais de l'Horloge, des Lunettes, des Orfévres. Nous terminerons cette première promenade par le palais de Justice, le pont Neuf et la rue Dauphine, jusqu'au carrefour de Bussy.

Pont Saint-Michel. Ce pont, situé à l'extrémité de la rue de la Barillerie, sert de communication au quartier S.-André-des-Arcs. Comme il était originairement construit en bois, il fut plusieurs fois emporté par les débordemens et par les glaces, ce qui détermina à le rebâtir en pierres en 1618.

Les ventes par autorité de justice se faisaient au bas de ce pont, du côté de la rue de la Vieille-Bouclerie; c'est sur cette place que tous les matins on voyait le tableau de la misère publique.

Quai des Orfévres. Ce quai aboutit à la place du Pont-Neuf. C'est le quartier le plus riche de Paris en argenterie; les magasins d'orfévrerie les plus considérables et les plus beaux y sont réunis.

Le quai des Orfévres est prolongé jusqu'au pont Saint-Michel, par la démolition des maisons de la rue Saint-Louis, qui étaient du côté de la rivière.

Quai de l'Horloge, des Morfondus ou des Lunettes. Ce quai est nommé de l'Horloge parce qu'il se termine au bout du pont au Change, vis-à-vis la tour de l'horloge du Palais; sa situation au nord lui a fait donner, par le peuple, le nom de *quai des Morfondus*, et le nom *des Lunettes*, parce qu'il n'est presque habité que par des opticiens, des ingénieurs, fabricans d'instrumens de mathématiques, etc.

Quai de la Cité ou *Desaix*. Ce quai a été construit rapidement, d'après les ordres de Buonaparte. Il commence au quai de l'Horloge jusqu'au pont Notre-Dame; le côté du bâtiment du théâtre de la Cité commence l'alignement du quai de la Cité, qui continue le long de la rivière jusqu'au pont Notre-Dame. On voit sur ce quai,

Le Marché aux Fleurs; deux allées d'arbres et deux fontaines le décorent. Rien de plus beau que ce coup-d'œil de la nature. Les mercredis et samedis, les *marchands* de fleurs surfont de quatre-vingt-dix pour cent. Vous voyez la petite bourgeoise porter fièrement dans ses bras un pot d'œillets, un groseiller, ou des belles de nuit. On voit à la suite de ce quai le *quai de Catinat*, qui se prolonge jusqu'au pont de la Cité.

Pont Notre-Dame. Ce pont fut construit en 1499, sur les dessins de *Jean Joconde*. On voit sur ce pont, qui traverse la rivière au quai de Gêvres, et conduit à la rue Saint-Martin, une machine hydraulique.

Ce fut sur le pont Notre-Dame que l'infanterie ecclésiastique de la Ligue passa en revue devant le Légat, le 3 juin 1590.

Capucins, Minimes, Cordeliers, Jacobins, Carmes, Feuillans, tous, la robe retroussée, le capuchon bas, le casque en tête, la cuirasse sur le dos, l'épée au côté et le mousquet sur l'épaule, marchaient quatre à quatre; le révérend évêque de Senlis à leur tête avec esponton : les curés de Saint-Jacques de la Boucherie et de Saint-Côme faisaient les fonctions de sergens-majors. Plusieurs de ces miliciens, sans penser que leurs fusils étaient chargés à balles, voulurent saluer le Légat, et tuèrent à côté de lui un de ses aumôniers; mais son éminence trouvant qu'il commençait à faire trop chaud à cette revue, donna promptement sa bénédiction et s'en alla.

Pont au Change. Ce pont traverse la rivière du quai de l'Horloge au quai de la Mégisserie. Son nom vient de ce que des changeurs y demeuraient. Il était en bois, et fut consumé en 1621 et en 1639; il a été depuis rebâti en pierre. On y voyait, avant la révolution, la figure de Louis XIV enfant, celles de Louis XIII et de la reine Anne d'Autriche. Ces figures, en bronze, sont actuellement au Musée des Monumens français.

Dans un tarif fait par S. Louis pour régler les droits de péage qui étaient dus à l'entrée de Paris sous le petit Châtelet, on lit : « Le marchand qui apportera un « singe pour le vendre paiera quatre de- « niers ; si le singe appartient à un jocu- « lateur, cet homme, en le faisant jouer « et danser devant le péager, sera quitte « du péage, tant dudit singe que de tout « ce qu'il aura apporté pour son usage. » De là vint le proverbe, *payer en monnaie de singe, en gambades*. Un autre article porte que les *jongleurs* seront aussi quittes de tout péage en chantant un couplet devant le péager.

Place du palais de Justice. Cette place est décorée par deux bâtimens neufs de chaque côté. Au milieu, en face du palais de Justice, est la rue de la Vieille-Draperie.

C'est sur la place du palais de Justice que l'on expose les condamnés aux fers et à la détention.

Le ci-devant Théâtre de la Cité est construit sur le terrain de *l'église* appelée *S. Barthélemi*, en face du palais de Justice, et formé l'alignement du quai de la Cité.

La chapelle S. Barthélemi devint royale à l'avénement de Hugues Capet au trône. C'était dans cette église que le roi Robert, fils de Hugues Capet, allait souvent prendre une chape et chantait au lutrin.

Le théâtre de la Cité a été terminé en 1790, d'après les dessins de M. Lenoir. Les entrepreneurs l'avaient décoré du portrait de Henri IV. Il ne sert plus aujourd'hui que de salle pour des bals, des fêtes de réunions, etc., etc.

Rue de la Vieille-Draperie, Place du palais de Justice. C'est au coin de cette rue qu'était la maison du père de l'assassin Jean Châtel, qui attenta à la personne de Henri IV, et le blessa d'un coup de couteau à la lèvre supérieure, le mardi 27 décembre 1594. L'espace qu'occupait cette maison fut rasé; on éleva sur ce terrain, qui formait une petite place en face de la porte du palais de Justice, une pyramide avec des inscriptions: elle fut abattue en 1605. Jean Châtel n'avait que dix-huit ans; le fanatisme outré l'avait porté à commettre ce crime.

Palais de Justice. Nous voudrions donner la description de ce palais; mais nous suivrons seulement la date, les événemens, et l'origine de ce monument.

Cet édifice remonte au commencement de la monarchie française : on ignore absolument l'époque de sa fondation. Au commencement du 6e siècle il y avait un palais dans le même endroit. C'était un assemblage de grosses tours communiquant les unes aux autres par des galeries.

Sauval et *Piganiol de la Force* disent qu'en 1357, *Etienne Marcel*, prevôt de Paris, fit assassiner dans la grand'chambre, et en présence même du dauphin, *Robert de Clermont*, maréchal de Normandie, et *Jean de Conflans*, maréchal de Champagne. Philippe-le-Bel fit presque entièrement reconstruire ce palais en 1383. Le roi Charles V y demeurait. Charles VII l'abandonna entièrement au parlement en 1431. François Ier y a fait quelque séjour.

C'était dans la grande salle de ce palais que les rois recevaient anciennement les ambassadeurs, qu'ils donnaient des festins publics, et que l'on faisait les noces des enfans de France : elle était ornée des statues de tous les rois de France, depuis Pharamond.

Palais de Justice.

Un incendie a consumé entièrement cette magnifique salle, ainsi qu'une partie des bâtimens du palais, le 7 mars 1618. Jacques des Brosses, architecte, fut choisi pour la reconstruire. Un autre incendie, en 1776, détruisit toute la partie du palais qui s'étendait depuis l'ancienne galerie des prisonniers jusqu'à la Sainte-Chapelle. Louis XVI fit tout réparer avec magnificence en 1787, et poser une grille superbe qui était enrichie d'ornemens dorés.

Le 15 octobre 1787 le parlement de Paris fut transféré à Troyes, pour avoir refusé d'enregistrer les édits bursaux, dont nous parlons encore à l'article *Pont-Neuf*; le 20 novembre de la même année le roi rétablit le parlement à Paris.

Le 5 mai 1788 le capitaine d'Agoust est venu enlever, par ordre du roi, au milieu de toutes les chambres du parlement assemblées, les deux conseillers Duval d'Espréménil et Goeslard.

Sous les voûtes du Palais est la prison dite la *Conciergerie*, pour les accusés dont on instruit le procès criminel. Les assassins des 2 et 3 septembre 1789 y égorgèrent 259 prisonniers, y compris une femme. Trente-six furent trouvés dignes par les assassins d'obtenir leur liberté, et se les associèrent ; 75 femmes obtinrent aussi leur liberté sous la condition d'être toutes dévouées à leurs libérateurs.

L'histoire voudrait en vain oublier que le fameux *Tribunal* révolutionnaire a siégé pendant dix-huit mois dans la grand'-chambre qu'occupait le parlement. C'est de cette chambre que la foudre mortuaire est sortie pendant les dix-huit mois.

Les archives judiciaires du Palais-de-Justice occupent tout le dessus de la voûte de la grande salle. L'on parcourt de nombreuses pièces, où sont rangés, dans le plus grand ordre, des milliers de cartons, porte feuilles, renfermant toutes les pièces de procédures depuis l'origine des plaidoyers.

On y voit l'habit de Damiens, le crâne de Ravaillac, et des pièces de procédure de deux femmes, dont les maris, sans les consulter, avaient fait une transaction pour changer réciproquement de femme.

Il y a, au palais, une bibliothèque de livres de droit, qui est à la disposition des jurisconsultes.

Avant la construction des arcades du Palais-Royal, l'on se portait en foule dans la grande salle du palais de justice, les premiers jours de l'année, pour y acheter des bonbons et des jouets d'enfans. Les boutiques étaient des plus brillantes.

En 1790, la grande salle du palais était encore garnie de libraires et de marchandes de modes adossés à chacun des piliers.

La buvette du palais, dont l'entrée est dans la grande salle, a une grande réputation pour les rognons au vin de Champagne, les côtelettes et les huîtres. Les clercs d'avoués et les solliciteurs de procès peuvent en juger.

La Sainte-Chapelle du Palais fut fondée par saint Louis, et bâtie en 1245. Boileau, dont les dépouilles sont au Muséum des Monumens Français, était enterré dans la chapelle basse, sous le lutrin qu'il a chanté. Elle sert aujourd'hui de dépôt pour les papiers et régistres des chambres de justice.

La cour des comptes est dans la cour de la Sainte-Chapelle.

En sortant de la cour de la Sainte-Chapelle, on voit l'ancien *hôtel du premier président* du parlement de Paris.

On remarque dans la première cour, sur la muraille, huit ou dix médaillons, qui renfermaient autrefois les portraits des hommes les plus célèbres ; on ne distingue plus que celui du connétable de Montmorenci.

La mairie a été installée dans cet hôtel le 7 mai 1792, sous les maires *Pétion*, *Pache*, *Fleuriot*; il a été ensuite occupé par la *préfecture de police*, et maintenant par M. le directeur-général de la police du royaume.

Place Dauphine, qui a repris son ancien nom, fut appelée *Desaix*, ensuite *Thionville* ; elle fait face au terre-plein où est la statue de Henri IV, sur le Pont-Neuf, fait un triangle de 82 mètres (42 toises), situé entre le Pont-Neuf et le palais de Justice. Henri IV, pour témoigner sa reconnaissance au premier président Achille de Harlay, lui donna en 1607 une partie des jardins du palais, avec le terrain qu'occupe aujourd'hui la place Dauphine, à la charge par lui d'y faire bâtir des maisons conformément au devis qui lui fut remis par le duc de Sully, grand voyer de France.

En 1608, Henri IV décida qu'on donnerait à cette place le nom de *Dauphine* en mémoire de la naissance de Louis XIII. La rue qui sépare cette place des bâtimens

Place de Dessaix ou Dauphine.

du palais prit le nom du premier président, et la place, celui de *place du Dauphin*, lorsqu'on en fit l'inauguration. Elle est bordée de trois rangs de maisons, dont les deux grands côtés forment les quais de l'Horloge et des Orfévres. C'est sur cette place que l'on a érigé un monument orné d'une fontaine d'un mauvais goût à la gloire du général Desaix, tué sur le champ de bataille à l'affaire de Marengo.

Tous les bâtimens qui garnissent la place Dauphine sont occupés par des joailliers, bijoutiers et orfévres grossiers.

Le 24 août 1787, lors de la disgrâce de Brienne, toute la jeunesse de la Bazoche, pour faire sa cour à messieurs de la grande chambre, se rassembla place Dauphine, dressa un mannequin du ministre renvoyé, le promena, accompagné d'une portion du peuple. Le chevalier Dubois, commandant du guet, avait ordre de dissiper par la force le plus petit attroupement. Il ordonna à sa troupe de faire feu : huit restèrent morts sur le pavé. Ces huit premiers meurtres furent imputés au parlement, qui avait la haute police de Paris.

Le peuple mit le feu au corps-de-garde du Pont-Neuf, mais ne se permit point la loi du talion; il se contenta de chasser les soldats du guet de ce poste, et de se charger du maintien du bon ordre.

Pont-Neuf. Ce pont est le plus passager de tous ceux qui sont à Paris, et peut-être en Europe.

Le Pont-Neuf est dans la ville ce que le cœur est dans le corps humain, le centre du mouvement et de la circulation; le flux et reflux des habitans et des étrangers frappent tellement ce passage que pour rencontrer les personnes qu'on cherche, il suffit de s'y promener pendant quatre jours une heure chaque.

Les mouchards se plantent là; et quand au bout de quelques jours ils ne voient pas leur homme, ils affirment positivement qu'il est hors de Paris.

Ce fut Henri III qui en posa la première pierre le 30 mai 1578, le jour même qu'il assista à la pompe funèbre de Quelus et de Maugiron, ses plus chers favoris; ce qui fit dire aux plaisans que ce nouveau pont serait sans doute appelé le *Pont des pleurs.* L'ouvrage, discontinué, ne fut repris que lorsque Henri IV, après avoir forcé les Parisiens à le recevoir, voulut faire regretter

Pont Neuf.

par ses bienfaits de l'avoir si long-temps méconnu. Il supprima l'impôt établi pour la construction du nouveau pont, et le fit continuer à ses dépens, sous la direction de Guillaume Marchand. Il ne fut achevé qu'en 1694.

Après la mort de Henri IV, Marie de Médicis, sa veuve, et régente du royaume, voulut donner un témoignage public de la douleur qu'elle ressentait de la perte de son époux, en élevant un monument qui parût l'ouvrage de l'amour conjugal. Son père, Cosme II, grand-duc de Toscane, lui ayant envoyé un cheval en bronze, la régente fit faire par Dupré, sculpteur, la figure du roi, pour l'adapter au cheval. Le groupe, fini, fut placé sur le Pont-Neuf, en face de la place Dauphine, dans le petit espace carré qui fait saillie hors du pont, et qui prit le nom de *place de Henri IV*. Louis XIII posa la première pierre du piédestal le 13 août 1614. La statue fut élevée de suite ; mais les ornemens et les bas-reliefs ne furent achevés qu'en 1635, sous le ministère du cardinal de Richelieu.

La *statue* de Henri IV est la première et le premier monument général et public de cette espèce qu'on ait élevé dans Paris à la gloire des rois.

Le 24 août 1787 au soir, après l'événement de la place Dauphine, lors de la résistance du parlement pour l'enregistrement du droit du timbre et de l'impôt territorial, les partisans du parlement rassemblés sur ce pont obligeaient les passans de saluer la statue de Henri IV, et les personnes qui étaient en voiture d'en descendre pour lui rendre le même hommage.

Nous avons entendu crier : *Vive le duc d'Orléans*, au moment où ce prince passait. Il fut obligé d'aller saluer *son digne parent*, et on lui souhaita de l'imiter dans ses vertus et dans son amour pour le peuple.

Le 11 août 1792, la statue de Henri IV fut renversée par les individus qui forcèrent les passans de la saluer en 1787.

Le fameux canon d'alarme y a été placé en 1792 en 1794. On construisit des échoppes sur le terrain : ensuite un café avec un jardin ; à côté un corps de garde, et les boutiques des marchandes d'oranges et de citrons sur la même ligne. Buonaparte devait faire placer une colonne en granit, à l'endroit où était la statue de Henri IV. Déjà plusieurs millions ont été employés pour cette construction, qui heureusement a été suspendue par le retour de Louis XVIII, qui a fait son entrée à Paris le 3 mai 1814. Il a eu la douce jouissance de revoir provisoirement, à son passage sur ce pont, la statue du bon Henri.

Le Pont-Neuf est décoré de vingt boutiques, construites en pierres de taille, dans les demi-lunes de forme circulaire. Ces boutiques sont occupées par des bijoutiers, des merciers et des libraires.

La *Samaritaine*, ornement du Pont-Neuf, dont plusieurs écrivains ont fait une belle description, a été détruite par ordre de Buonaparte.

L'on trouve le long des deux trottoirs du Pont-Neuf des décrotteurs qui ont tous des tableaux indiquant leurs noms et leurs talens pour tondre et traiter les chiens. On lit sur l'un de ces tableaux : *La Rose tond les chiens et sa femme, vat en ville.* Un autre : *Coupe les chiens, les chats, et les oreilles des carlins, des Messieurs et des Dames qui lui feront l'honneur de lui accorder leur confiance*, etc., etc.

Rien de plus curieux que la conversation politique de plusieurs anciens décrotteurs; ces *artistes* savent toutes les nouvelles; quelle a été notre surprise d'en entendre un parler latin; il connaît tous les meilleurs auteurs : on nous a assuré qu'il a une petite bibliothèque de livres bien choisis.

Vous ne pouvez passer sur le Pont-Neuf sans être assailli par les distributeurs d'adresses de spécifiques pour les maladies vénériennes; malgré vous on vous en met dans les mains, dans les poches; les distributeurs en donnent indistinctement aux jeunes et vieux, aux prêtres, aux femmes, et même aux jeunes filles qui accompagnent leurs mères.

On a observé avant la révolution qu'il passait tous les quarts-d'heure sur le Pont-Neuf un abbé, un garde-française, un capucin et une fille publique.

Le *café Conti*, qui fait le coin de la rue *Dauphine* et du quai Conti, est très-ancien. Avant la révolution, les étrangers s'y donnaient rendez-vous pour admirer le mouvement perpétuel d'une multitude qui traverse le Pont-Neuf; c'est un spectacle curieux pour un observateur.

Rue Dauphine. Elle commence au Pont-

Neuf et se termine au carrefour de Bussy. Cette rue est l'une des plus passagères et des plus bruyantes de la capitale.

M. Cousineau, célèbre luthier, l'un des premiers professeurs de harpe, demeure à droite dans cette rue.

Il y a quelques années qu'un particulier, domicilié rue Dauphine, ayant trouvé un abbé couché avec sa femme, à minuit, cria *au voleur* par l'une des croisées de son appartement. Un rassemblement se forma; on lui demanda si les voleurs étaient encore dans la maison ; il eut la bêtise de dire que c'était un abbé qui était couché à côté de sa femme. A l'instant, il fut qualifié de c.... et en mourut de chagrin.

Si tous ceux qui sont dans le même cas, à Paris, l'imitaient, l'entreprise des inhumations doublerait sa recette.

Rue du Pont de Lody. Cette rue est nouvelle. Elle a été percée sur l'ancien terrain du jardin des Grands-Augustins; elle donne dans la rue Dauphine et la rue des Grands-Augustins.

Les nouvelles maisons de cette rue sont d'un bon goût. Plusieurs ont des jardins.

On y voit le superbe établissement typographique de Pierre Didot, qui a été honoré de la visite de l'Empereur de Russie, lors de son séjour à Paris en 1814.

M. Schmidt, célèbre facteur de fortépiano, demeure dans cette rue.

M. Dantu, imprimeur-libraire, même rue.

Ici se termine notre première promenade du sud au sud-est.

PROMENADES
DESCRIPTIVES ET POLITIQUES
DANS PARIS.

DEUXIÈME PROMENADE
DU SUD A L'OUEST.

NOUVEAUX BOULEVARDS.

Nous commençons cette deuxième promenade aux nouveaux boulevards, à partir encore une fois de la rue d'Enfer, en face de la rue de la Bourbe; nous parcourons la totalité du quartier Saint-Germain, tous les quais, depuis le Pont-Neuf, le Gros-Caillou, jusqu'à la barrière de la Cunette, près la rivière, et la plaine de Grenelle.

Les boulevards que nous allons parcourir sont ceux du Luxembourg, du Mont-Parnasse, et ceux des Invalides, qui se terminent au quinconce.

De superbes maisons et de très-vastes et beaux jardins ornent ces boulevards.

L'on remarque principalement les maisons et les jardins des ci-devant hôtels de mademoiselle de Condé - Bourbon, du maréchal de Biron et du duc d'Orsay. Pendant les premières années de la révolution, on a donné dans ces hôtels et dans ces jardins des fêtes publiques, bals, feux d'artifices et expériences aérostatiques.

Sur ces boulevards se trouve un bon traiteur, ayant pour enseigne *à la Vieilleuse* ou *Jardin Filard*, et qui depuis peu a réuni.

Le jardin de la Chaumière qui est en grande réputation, principalement pour les bals champêtres. Ce charmant jardin est dessiné de manière à favoriser les couples heureux. Il y a de très-jolis cabinets pour se garantir de l'injure du temps. Tout annonce, dans ce lieu pittoresque, mystère et discrétion.

C'est ordinairement le rendez-vous des

Palais du Luxembourg. Côté de la rue de Tournon.

graveurs, dessinateurs, peintres, bijoutiers, orfèvres, étudians en droit, en médecine, en chirurgie, libraires, etc.

On voit sur ces boulévards plusieurs fabriques de papiers peints, des maisons d'éducation pour les deux sexes, et des pensionnats.

On y remarque une belle maison dite des *Oiseaux*, qui a servi de prison pendant les années 1793 et 94 : c'était l'une des maisons de détention les plus favorisées de la *clémence* du régime révolutionnaire, car aucun des détenus n'a été traduit au tribunal révolutionnaire.

La promenade de ces boulevards est des plus agréables et des plus champêtres ; l'œil n'est pas choqué comme sur les boulevards qui forment les limites de Paris, par un mûr très-élevé et par une multitude de barrières qui annoncent autant de petites prisons, ayant chacune des guichetiers devant leurs portes.

PALAIS DU LUXEMBOURG.

Le palais du Luxembourg fut commencé en 1615 par Marie de Médicis, veuve de Henri IV, qui le fit construire tout entier en moins de six ans, sur le modèle du palais *Pitti*, des ducs Toscans, à Florence, sous la direction de Jean des Brosses, le plus fameux architecte de son temps. Marie de Médicis avait acquis du duc de Pinci-Luxembourg son hôtel et ses dépendances pour la somme de 90,000 liv.

Le palais du Luxembourg est, après celui du Louvre, le plus vaste de Paris; il est surtout distingué par son architecture d'un caractère mâle, par la régularité et la beauté de ses proportions.

Louis XVI avait donné le Luxembourg à MONSIEUR, frère du Roi, qui l'habitait à l'époque de la révolution.

C'est dans ce palais que Buonaparte a établi, le 22 frimaire an 8, son Sénat, pour la conservation de la constitution républicaine; ensuite pour la constitution impériale, avec 36,000 fr. d'émolument à chacun de ses membres. Trente-six Sénateurs avaient 60 à 70,000 fr. par année pour chacune des sénatoreries dont il était favorisé. Si le Sénat n'a pas conservé les constitutions que Buonaparte lui avait confiées, il a conservé la beauté de ce jardin; il a même achevé les embellissemens commencés par le Directoire; il a fait démolir tous les petits bâtimens qui dégradaient la majesté de ce bel édifice. La salle du Sénat et les vastes salons sont décorés avec un luxe asiatique; tout annonce le génie des artistes chargés d'embellir ce local du silence, où jamais la voix de l'humanité ne s'est fait entendre.

L'escalier qui conduit à l'ancienne salle du Sénat se présente majestueusement. On monte cet escalier par quarante-huit degrés; chaque marche a vingt pieds quatre pouces de long, et est d'une seule pierre; huit figures de lions antiques marquent les extrémités et les repos des rampes, en fer doré, qui coupent maladroitement les marches en trois parties. Un tapis élégant couvre la beauté de cet escalier entre les deux rampes, ce qui annonce plutôt l'entrée d'un appartement recherché que du palais d'un Sénat. Rien de plus ridicule encore que les deux constructions en pierre de chaque côté des rampes, pour vraisemblablement recevoir les fusils de la garde d'honneur.

Les Sénateurs Romains étaient sublimes dans leur dévouement à la patrie, grands dans toutes leurs actions; mais simples et modestes dans leurs temples.

Les grands escaliers du palais des Tuileries, du Louvre, et ceux des châteaux de Versailles, de Saint-Cloud, de Compiègne et de Fontainebleau, s'annoncent d'une manière digne de ces beaux palais, sans rampes en fer doré et sans tapis; car autrement, dans une grande cérémonie diplomatique, on aurait l'air de faire procession s'il fallait monter les escaliers seulement à deux personnes de front.

Le premier avril 1814, le lendemain du jour de l'entrée des armées alliées à Paris, le Sénat a établi un gouvernement provisoire, et le 3 avril il a décrété la déchéance de Buonaparte; le 4 juin suivant, après la séance royale, qui a supprimé le Sénat et l'a remplacé par une chambre des Pairs, cette chambre a tenu le même jour à huit heures du soir sa première séance dans la salle du Sénat.

On lisait au-dessus de la porte d'entrée du Luxembourg : *Palais du Sénat Conservateur*. On a remplacé cette inscription par la suivante : *Palais de la Chambre des Pairs*.

Les quatorze statues qui décorent l'escalier du Sénat produisent un bel effet.

Ces statues sont : celles des généraux Kléber, Hoche, Desaix, Dugommier, Joubert, Caffarelli et Marceau,

Et celles des législateurs Beauharnais,

Vue du Palais du Luxembourg côté du Jardin.

Mirabeau, Thouret, Barnave, Chapelier, Vergniaux, Condorcet.

La plantation du jardin est totalement achevée sur de nouveaux dessins, et embellie par un grand nombre de statues. On a pris une partie du terrain des ci-devant Chartreux, et le jardin de l'hôtel de Vendôme pour augmenter ce jardin. On a pratiqué une avenue jusqu'aux boulevards et l'Observatoire, ce qui fournit un beau point de vue. Ce jardin est l'une des plus belles promenades de Paris.

On voyait, avant la révolution, sur le perron de la cour au jardin, quatre statues représentant des rois, et, sur les deux ailes du pavillon d'entrée, Marie de Médicis et Henri IV.

Les figures du frontispice, dans la cour, sont d'*Espercian*; celles du côté du jardin sont de *Cartelier*.

Le nouveau bassin en face du palais, dans le genre du grand bassin des Tuileries, procure, l'été, une fraîcheur très-agréable.

Pourquoi le public ne peut-il pas jouir de la promenade des grandes allées de la pépinière ? Ces petits arbustes en pommiers, poiriers, etc., ne seraient pas plus exposés que les belles statues du jardin.

On respire dans le jardin du Luxembourg un air très-pur. Nous regrettons qu'on ait fait aux Suisses la défense de donner à manger; il était très-agréable de dîner l'été sous de jolis berceaux. On voyait souvent des tête-à-tête, qui, de crainte du grand air, se renfermaient dans de petits cabinets bien clos, avec doubles rideaux.

Le jardin du Luxembourg a de tous les temps été fréquenté par des prêtres, des hommes de lettres, des artistes, des rentiers, etc. Une femme seule peut s'y promener sans paraître suspecte.

Le Petit-Luxembourg fut bâti par le cardinal de Richelieu, pour la duchesse d'Aiguillon. Les membres du directoire, à l'exception du directeur Barras, l'ont habité pendant cinq ans. Ce dernier logeait dans le pavillon du grand palais, du côté de la rue de Vaugirard.

C'est dans le palais du Petit-Luxembourg que trois des membres du Directoire ont décidé, *dans leur sagesse*, de chasser deux de leurs collègues, *Barthelemi* et *Carnot*, et de les faire déporter à Cayenne. Comme M. Carnot eut le bonheur de s'évader, l'on fit courir le bruit qu'il avait été tué et enterré dans le jardin.

Le premier consul Buonaparte a habité le Petit-Luxembourg pendant six mois, d'où il est sorti pour aller aux Tuileries.

Il a été aussi le lieu de résidence de l'épouse de Joseph Buonaparte, nommé par son frère roi d'Espagne.

C'est dans l'une des salles au bas de l'escalier donnant dans la cour du palais du Luxembourg, que l'abbé Poncelin, rédacteur d'un journal, a été fouetté par des affidés du directeur Barras, pour avoir inséré dans son journal *qu'il avait passé six mois à Bicêtre pour des espiègleries de jeunesse*. M. Poncelin n'a trouvé de bon dans cette correction que le bouillon qu'on lui a servi après dans un vase d'argent.

En 1786, l'abbé *Miolan* fit dans le jardin du Luxembourg une expérience *aérostatique* qui ne réussit pas. Le public qui avait payé, furieux, brûla le ballon ; l'abbé *Miolan* fut obligé de se cacher.

En 1793 et 1794, sous le régime du *gouvernement* révolutionnaire, on fit du palais du Luxembourg une prison depuis les caves jusqu'au grenier ; on y avait renfermé près de trois mille individus des deux sexes, de tous les rangs, de tous les partis et de toutes les factions, à l'exception de celle qui avait triomphé ; les hommes, les femmes, les jeunes filles étaient logés dans les mêmes chambres ou greniers pêle-mêle. Plusieurs d'elles sont devenues enceintes dans cette prison, dans l'intention de retarder leur supplice.

L'un des détenus s'est précipité de désespoir de sa chambre dans la cour.

Les instrumens du *gouvernement* révolutionnaire appelaient cette prison, *notre magasin à guillotine*.

On avait imaginé de mettre en prison ce superbe monument, du côté du jardin, en faisant construire en planche autour un mur de dix pieds de hauteur, afin d'éviter toute communication entre les prisonniers et le public.

Les amis et les parens des détenus se promenaient dans le jardin, dans l'intention de pouvoir, par des signes, les consoler ou les rassurer sur leur sort. Mais le moindre signe reconnu par les mouchards vous faisait arrêter et conduire dans la même prison.

La galerie du Luxembourg renferme la galerie de Rubens, le cloître des Chartreux, du célèbre *Lesueur* ; les ports de France, par *Vernet*, etc., ect. On y voit aussi de superbes sculptures.

PALAIS DU LUXEMBOURG.

Les *Statues*, *Vases* et *Fontaines* qui décorent le jardin du Luxembourg, sont placés comme ci-après.

Terrasse à gauche du côté de la rue d'Enfer, jusqu'à l'avenue de l'Observatoire.

Une Flore. — Des Horaces. — Un Bacchus. — Cérès. — Un vieux Bacchus. — Mercure. — Un Vase. — Bacchus. — L'Hiver. — La Nuit. — Vénus pudique. — Une Fontaine. — Grotte de Jacques de Brosse qui fut érigée par l'ordre de Marie de Médicis, lorsqu'elle acheva les jardins de son palais, il y a près de deux siècles. L'on a restauré le petit monument.

On voit du même côté Antinoüs. — Vénus de Médicis. — Diane. — Bacchus. — Un Apollon. — Bacchus. — Une Vénus de Médicis. — Deux Lions en marbre à l'entrée de l'avenue de l'Observatoire. Ces deux Lions ont l'air de deux chiens.

Parterre, à droite, depuis le Palais jusqu'à l'avenue de l'Observatoire.

Vénus. — Un Guerrier. — Le Gladiateur. — Diane chasseresse. — Vulcain.

— Bacchus. — Hébée. — Silène. — Bacchus. — Méléagre. — Cérès. — Vénus Callypige. — Vénus. — Vénus d'Arles. — Un Luttier et une Vénus.

Chartreux. L'entrée de ce couvent était sur la gauche de la rue d'Enfer. Les jardins se trouvaient mitoyens avec le jardin du Luxembourg. S. Louis avait fondé ce monastère pour quarante religieux.

Le terrain qu'ils occupaient était immense : le seul jardin potager avait dix-huit arpens ; ils faisaient un commerce considérable d'arbres fruitiers. La pépinière contenait quatre-vingt-dix arpens.

Chaque religieux avait sa maison et son jardin particulier. Les Chartreux faisaient toujours maigre ; les plus beaux poissons qui se trouvaient à la halle étaient pour eux. Tous les ans, dans la semaine de la Passion, les Chartreux donnaient un grand dîner ; il est des dévots gourmands qui attendaient ce repas avec impatience.

Les femmes ne pouvaient jamais entrer dans un couvent de Chartreux; les reines de France avaient seules ce droit. L'histoire raconte que Marie Leczinska, femme de Louis XV, qui, par esprit de dévotion, fréquentait les couvens, voulut visiter une

Chartreuse ; elle se fit accompagner de deux dames de son palais, lesquelles étaient vieilles et laides. La reine témoigna sa grande satisfaction à toute la communauté ; quinze jours après le prieur des Chartreux sollicita une audience de la reine, à qui il dit : Depuis l'apparition de votre majesté je ne suis plus maître de mes religieux ; toutes les têtes sont tournées. La reine étonnée : — Moi, mon père, mais j'ai cinquante ans. Mais votre majesté est venue précisément dans un temps de retraite où l'on saigne et où l'on purge chaque religieux dans une cellule particulière, pour éteindre en lui les feux de la convoitise. La reine promis au prieur de ne plus retourner à son couvent, et dit en particulier à ses deux dames d'honneur qui la sollicitaient de faire une seconde visite dans d'autres monastères, vous voulez donc incendier tous les couvens.

RUES ET QUARTIER SAINT-GERMAIN.

Ce quartier est l'un des plus beaux de Paris ; il est très-aéré ; les hôtels sont superbes ; presque tous ont de grands jardins.

Avant la révolution, la haute noblesse habitait le faubourg Saint-Germain. Depuis cette époque presque tous les ministères y sont réunis. Les Anglais préfèrent ce quartier comme le plus sain de Paris.

Rue de Vaugirard. Cette rue commence à la rue des Francs-Bourgeois, et se termine à la barrière de Vaugirard. Entre les rues d'Assas et Cassette, était le monastère des Carmes-Déchaussés, dont Marie de Médicis posa la première pierre de l'église le 20 juillet 1613; elle ne fut achevée qu'en 1620. Ces religieux avaient une belle bibliothèque. Ce monastère est occupé maintenant par une communauté religieuse sous la conduite d'une ancienne supérieure des Carmélites. Cette dame a fait l'acquisition de cette maison, et a fait de grandes dépenses pour rétablir l'église qui est aujourd'hui une des plus belles de Paris

L'Apothicairerie de ces religieux faisait un grand commerce d'eau de mélisse, dont ils étaient les inventeurs. *Voy.* rue Taranne.

En 1791, on fit de ce couvent une maison d'arrêt, destinée aux prêtres insermentés, dont une partie s'y rendit volontairement pour être déportée, conformément aux lois.

Le 7 septembre 1792, cent soixante-douze prêtres y furent égorgés, et deux laïcs se sauvèrent par-dessus les murs.

Il y avait encore, entre les rues Cassette et Pot-de-Fer, qui donnent rue de Vaugirard, les religieuses Bernardines du Précieux Sang, fondées en 1653.

Plus haut, sur la droite, était le monastère des dames du Calvaire.

A peu de distance était la maison de l'*Enfant-Jésus*, fondée, à l'occasion de la naissance du duc de Bourgogne, par Marie *Leczinska*, épouse de Louis XV, pour trente jeunes demoiselles de condition.

C'est au bout de la rue de Vaugirard, hors des barrières, que se trouvent les fameuses guinguettes du village de Vaugirard ; on ne peut se faire une idée du tableau que présentent tous ces cabarets, guinguettes, bastringues, les fêtes et les dimanches.

Théâtre français ou l'Odéon, situé en face de la porte du jardin du Luxembourg ; il a été construit sous Louis XVI pour les comédiens français, qui avaient leur salle aux Tuileries. Cette salle a été faite d'après les dessins des architectes *Peyre l'aîné* et *Vailly*.

L'ouverture s'en est faite en 1782. On y voyait les bustes en marbre de Racine,

Corneille, Crébillon, et Voltaire assis dans un fauteuil.

Ce théâtre, le plus beau de Paris, a été consumé en 1799, le lendemain de la représentation de l'*Envieux*. Buonaparte le fit reconstruire pour la troupe des comédiens de l'Impératrice.

Cette salle isolée de tout bâtiment a des issues très-spacieuses; le public peut en sortir à la fois en moins de dix minutes. Sept rues aboutissent à ce bâtiment, ce qui est très-avantageux pour les gens de pied et les voitures.

On a donné le nom de rue du Théâtre Français à celle qui est en face; quatre autres rues portent les noms de Racine, Corneille, Voltaire, Molière, etc.

Il y a un très-beau café à côté du bâtiment. C'est dans cette salle qu'on a donné la première représentation de la pièce de *Figaro* par Beaumarchais. La Reine y a assisté.

Le conseil des Cinq-Cents s'est assemblé dans cette salle le 19 fructidor, pendant que celui des Anciens s'assemblait à l'école de Médecine; là, un décret a été rendu pour proscrire les directeurs Carnot et Barthélemy. C'est encore dans cette salle qu'on a établi une commission militaire pour condamner à mort le parti contraire à la réaction du jour, ainsi les drames et tragédies politiques se jouaient sur le théâtre Français.

La rue du Théâtre Français est très-belle et large, les maisons sont bien alignées, avec deux larges trottoirs pour les gens de pied. C'est dans cette rue que demeurait *Camille Desmoulins*, qui a péri sur l'échafaud, ainsi que sa jeune et jolie femme. Camille était partisan du général La Fayette, qui lui avait fait présent de son buste. En 1792, dans un moment d'humeur contre La Fayette, il jeta son buste par l'une de ses fenêtres, il faillit tuer une femme qui passait devant sa maison.

Fabre d'Eglantine, député à la convention nationale, comme *Camille Desmoulins*, demeurait dans la même maison.

Rue de Tournon, elle tient à celle de Vaugirard ; c'est une des belles rues de Paris ; des bornes des deux côtés garantissent des voitures les gens de pied. La nouvelle rue de Seine, sur l'alignement de celle de Tournon, fait découvrir le quai Malaquai et produit un superbe coup-d'œil. On remarque dans la rue de Tournon les hôtels de Laval, de Valois et de Nivernois. Ce dernier fut bâti par l'ordre de Coincino-Coincini, connu depuis sous le nom du maréchal d'Ancre, tué devant le Louvre le 24 août 1617, et dont le corps fut traîné et brûlé sur le Pont-Neuf par une multitude. Louis XIII y a logé à son retour de Savoie, en 1629, parce que la reine sa mère demeurait au Luxembourg. Cet hôtel a servi ensuite à loger les ambassadeurs extraornaires, *Méhémet Effendi*, etc.

Rue du Petit-Bourbon Saint-Sulpice. La furieuse duchesse de Monpensier, sœur des Guises, tués à Blois, avait un hôtel dans cette rue. On lit dans l'histoire de Paris que cette méchante femme se prostitua à Bourgoing, prieur des Jacobins, et concerta avec ce scélérat les moyens d'approcher de la personne de Henri III, et de le faire assassiner. Il est certain qu'elle logea chez elle pendant quelques jours la mère de Jacques-Clément.

Carré des Quatre-Vents. C'est sur le carré des Quatre-Vents, au bas de la rue du Théâtre-Français, vis-à-vis la boutique d'un chapelier, près la rue des Boucheries, que *George* a été arrêté en 1804; il était armé de deux pistolets, avec l'un desquels il tua un agent de police; des bouchers lui passèrent une grosse corde au cou, comme à un bœuf, pendant que le chapelier le tenait par derrière.

Rue des Quatre-Vents, elle est bien nommée, étant située au milieu de quatre autres rues, indépendamment de l'ancienne foire Saint-Germain, qui existait depuis un temps immémorial, qui a cessé sous le règne de Philippe-le-Hardi en 1285, et a repris en 1485, sous Louis XI, qui, en la donnant à l'abbaye Saint-Germain, en 1482, en fixa l'ouverture au 3 février jusqu'au dimanche des Rameaux exclusivement ; elle n'était franche que pendant les huit premiers jours, aux termes de l'institution. L'on construit un marché sur l'ancien terrain de la foire S.-Germain.

Rue des Boucheries ; située entre la nouvelle rue de Seine et celle des Fossés-Saint-Germain-des-Prés. La rue des Boucheries est *célèbre* par sa malpropreté, et par le sang des animaux qui coule continuellement dans le ruisseau et sur le pavé. Vous ne pouvez y marcher sans avoir vos souliers imprégnés de sang. Il est dangereux d'accoutumer le peuple à voir couler le sang. Heureusement que l'établissement des abattoirs ou tueries fera disparaître cet inconvénient.

C'était dans cette rue que se réunissaient dans un *café* sombre, jusqu'à l'époque de 1800, pendant la quinzaine de Pâques, tous ceux et celles qui devaient estropier, sur les tréteaux de la France, la langue, les pièces, le bon ton, le bon sens.

Là, on voyait sur la porte du café et sur les bornes voisines des empereurs sans empires, des reines sans royaumes, souvent sans souliers; c'était une espèce de foire où les directeurs se promenaient et marchandaient pour avoir au plus bas prix, en promettant de faire des avances. Une reine étique ne veut pas se donner à moins de deux cents francs par mois; un empereur desséché demande trois cents francs, un valet cent trente-six francs, un chanteur à voix rauque cent francs, une confidente qui parle toujours, cent vingt livres, etc., etc.

Voilà ces comédiens qui devaient recevoir des applaudissemens du public, qui, heureusement pour eux, ne les avait pas vus rue des Boucheries.

Eglise Saint-Sulpice. Cette église, près

Eglise de S.t Sulpice.

la rue de Tournon, a été commencée en 1646, sur les dessins de Louis Le Veau. La première pierre en fut posée, le 20 février de la même année, par la reine Anne d'Autriche, alors régente du royaume; elle fut finie en 1735. Sous le règne de Louis XV, la première pierre du maître-autel fut posée par le nonce, au nom du pape Clément XIII, le 21 août 1732. Cet autel qui est isolé, était de marbre bleu turquin; il avait la forme d'un tombeau; ses ornemens étaient de bronze doré d'or moulu, et le tabernacle, enrichi de pierreries, représentait l'arche d'alliance; le propitiatoire était soutenu par deux anges adorateurs; au-dessus était suspendu un baldaquin doré, modelé par les frères Slodtz, qui produisait un très-bel effet. Le portail est composé de deux ordres d'architecture l'un sur l'autre; celui du rez-de-chaussée est un péristyle formé par un double rang de colonnes doriques, d'un mètre 30 centimètres (trois pieds) de diamètre, et de 13 mètres (6 toises et demie) de haut. Les colonnes ioniques du second ordre du portail ont un mètre 40 centimètres (3 pieds 7 pouces) de diamètre. Le portail de Saint-Sulpice, le plus vaste et le plus magnifique des églises de Paris, est l'ouvrage du fameux Servandoni, décorateur. La chapelle de la Vierge est précieuse par l'exécution de la statue et des groupes qui l'accompagnent, et surtout par la manière ingénieuse dont elle est éclairée. Ce superbe édifice a été dévasté par suite de la révolution. Henri Sully, bon horloger et bon astronome, a tracé sur le pavé de cette église une excellente méridienne.

Sous le règne du Directoire exécutif les théophilanthropes se rassemblaient à Saint-Sulpice pour célébrer leur culte.

On lisait sur chacun des piliers de l'église Saint-Sulpice des inscriptions analogues à cette nouvelle religion, dont les principes étaient puisés dans l'évangile, mais rédigés dans le sens des nouveaux *prêtres* théophilanthropes. Nous disons prêtres parce qu'ils étaient affublés d'une robe de serge blanche avec une ceinture aux trois couleurs. Tous leurs sermons semblaient dirigés contre les prêtres en robes noires. Ces *nouveaux prêtres* n'étaient pas plus désintéressés que les anciens, car ils avaient demandé à être salariés par la république.

On voit sur chacune des tours de Saint-

Sulpice un télégraphe. Cet instrument, connu des anciens, a été perfectionné et construit par M. Chappe. Il fut proposé à l'assemblée législative en 1792, et adopté par la convention nationale le 27 juillet 1793.

Le premier télégraphe a été placé à Paris au-dessus du pavillon du palais des Tuileries. Le premier consul Buonaparte le fit transporter au-dessus du Louvre ; ensuite place de Louis XV, au-dessus de l'une des façades, où est l'hôtel de la Marine.

On a démoli le *séminaire de S. Sulpice* qui masquait une partie du portail de l'église, pour faire une grande place au milieu de laquelle on a construit une fontaine, monument trop mesquin pour se trouver en face de ce superbe portail.

Rue *du Vieux Colombier*, située près St.-Sulpice et la Croix-Rouge. On y voyait le monastère des Filles *Notre-Dame* de la Miséricorde, établie en 1651, pour des demoiselles de condition peu fortunées : la Reine-Mère en posa la première pierre le 22 juillet 1652.

De l'autre côté de la rue était la *maison de la Mère de Dieu*, pour les enfans orphelins de la paroisse de Saint-Sulpice.

C'est dans la rue du Vieux-Colombier qu'est la loge des Francs-Maçons du Grand Orient, ci-devant rue du Pot-de-Fer.

A l'extrémité de la rue du Vieux-Colombier est la place de la Croix-Rouge, *où était le couvent des Prémontrés réformés de la Croix-Rouge. Cette place tirait son nom d'une croix peinte en rouge, élevée anciennement dans le carrefour.*

Rue du *Pot-de-Fer.* Elle tient à celle Vaugirard, et aboutit à celle du Vieux-Colombier. Le *noviciat des Jésuites* était dans cette rue depuis 1680. Le ministre de la guerre leur fit construire une église à ses dépens; et Henri de Bourbon, fils naturel de Henri IV, évêque de Metz, en posa la première pierre. Henri IV les chassa en 1595, à l'occasion de l'assassinat commis par Jean Châtel. Ils trouvèrent moyen d'y revenir, et d'y acquérir de grands biens; et l'on vient de voir que le fils de Henri IV posa la première pierre de leur église.

L'arrêt du Parlement de Paris, du 6 août 1762, leur ordonna à tous de sortir du royaume en 1763.

La loge du Grand Orient avait été bâtie

sur le terrain de l'ancien noviciat des Jésuites : le duc d'Orléans en était Grand-Maître. Il y avait encore dans cette rue la *communauté des Filles de l'Instruction publique*, fondée en 1657.

C'est dans le bâtiment des ci-devant Jésuites qu'est le bel établissement de l'imprimerie stéréotype des frères Mame.

Vis-à-vis était la communauté des sœurs de l'Instruction chrétienne, où est le séminaire Saint-Sulpice.

On voyait, *rue Cassette*, près Saint-Sulpice, le monastère des *religieuses Bénédictines de l'adoration perpétuelle du Saint-Sacrement*, fondé par la reine mère de Louis XIV en 1659.

Dans la *rue Férou* était le *petit séminaire Saint-Sulpice*, à côté la petite *communauté* dite des *Robertins;* sur la gauche de cette rue on voit *l'hôtel Charost*.

Rue des Fossés-St.-Germain-des-Prés, ou de *l'Ancienne Comédie Française*. rue très-fréquentée, qui tient à la rue des Boucheries et aboutit au carrefour de Bussy.

Il n'y a de remarquable dans cette rue que le café Zoppy (ci-devant Procope); en face est l'ancien bâtiment de la *Comé-*

die Française, qui fut établie là en 1687 jusqu'en 1770 qu'elle fut transférée aux Tuileries, où elle resta jusqu'en 1782. C'est au café Procope que se réunissaient *Voltaire, J.-B. Rousseau et Piron*.

Ce café a été successivement fréquenté par des hommes de lettres en réputation.

Avant la révolution on appelait par dérision les deux pièces qui le composent, l'une la *chambre haute*, l'autre la *chambre des communes*. Comme l'on jouissait dans ce café de la liberté d'opinions, on y critiquait la Cour, l'on blâmait ou approuvait les opérations des ministres, etc. Dans les premières années de la révolution, la même liberté d'opinions. Sous Buonaparte, le silence le plus lugubre, comme dans tous les autres cafés de Paris, où se trouvaient une légion de mouchards, dont plusieurs étaient à *leurs pièces*, c'est-à-dire, payés par chaque dénonciation.

Carrefour de Bussy. Il a pris son nom de la porte de Bussy, qui fut abattue en 1672 ; carrefour dangereux pour les gens de pied, il faut beaucoup de précautions pour ne pas être écrasé par les voitures, qui se croisent de six points différens ; savoir, des rues Mazarine, de Bussy, de Saint-Germain-des-Prés, Saint-André-des-Arcs et Dauphine ; ce carrefour est en outre embarrassé d'ânes de marchandes de fruits dont le criaillement vous étourdit.

Le soir, des filles publiques, des filous, forment groupes dans l'intention d'attirer des curieux pour les voler.

C'est chez un traiteur de la rue de Bussy que la première réunion des Francs-Maçons a eu lieu.

Rue Mazarine. Cette rue tient au carrefour de Bussy et aboutit à la rue de Seine ; on la nommait anciennement rue des *Fossés de Nesle*. C'est dans cette rue que se sont établis les premiers comédiens, en 1676. Des *jongleurs* et des *farceurs* furent les premiers qui amusèrent nos pères : mais leur licence et l'indécence de leurs jeux décidèrent Charlemagne à les bannir du royaume. Quelque temps après des histrions, sortis de la Provence, se répandirent en France sous le nom de *Troubadours*.

Des pèlerins de Jérusalem chantaient des cantiques dans les rues. Ils prirent le nom de *Confrères de la Passion* : telle est l'origine du premier spectacle de la capitale.

On supprima, en 1676, les Confrères de la Passion, et les différentes troupes de comédiens qui existaient alors à Paris furent réunies en une seule, qui s'établit dans un jeu de paume, rue des Fossés de Nesle, actuellement rue Mazarine, et y donna ses représentations jusqu'en 1687, que cette troupe obtint la permission d'acheter le jeu de paume de l'Étoile, rue des Fossés-Saint-Germain-des-Prés et d'y faire bâtir une salle.

Il y a dans la rue Mazarine deux jeux de paume et de beaux billards.

La rue *Guénégaud* tient au quai de la Monnaie et aboutit rue Mazarine.

Brantôme parle d'une reine qui se tenait à l'ancien *hôtel de Nesle*, et *faisait le guet aux passans*. Ceux qui lui plaisaient le plus, elle les faisait appeler, et après en avoir tiré ce qu'elle voulait, elle les faisait précipiter de la tour en bas dans l'eau. Cette tour était bâtie où est à présent la place des Quatre-Nations. Brantôme n'assure pas le fait; mais telle était l'opinion générale.

Ce fut dans ce même hôtel de Nesle

que Henriette de Clèves, femme de Louis de Gonzague, duc de Nevers, apporta la tête de Coconas, son amant, qu'on avait exposée sur un poteau dans la place de Grève, où il fut décapité en 1674. Elle alla elle-même l'enlever de nuit ; elle la fit embaumer et la garda long-temps dans l'armoire d'un cabinet situé derrière son lit.

Ce cabinet fut arrosé des larmes de sa petite-fille Marie-Louise de Gonzague de Clèves, dont l'amant eut le même sort que Coconas : il fut décapité le 5 mars 1642. Elle épousa successivement les deux frères, Ladislas, et ensuite Casimir, tous les deux rois de Pologne.

La rue de Seine vient d'être prolongée jusqu'à la rue de Tournon ; elle commence au quai Malaquais.

Le 8 novembre 1581, deux ambassadeurs du Grand-Turc furent logés dans la rue de Seine. Ils partirent de Paris le 10 décembre, chargés de présens magnifiques. (*Journal de Henri III.*)

La reine Marguerite de Valois, première femme de Henri IV, fit bâtir une maison dans la rue de Seine. Elle y mourut le 27 mars 1615.

On y voit le ci-devant hôtel de Mirabeau, qui appartenait au père des deux frères Mirabeau, dont l'un appelé le marquis, et l'autre le comte de *Mirabeau*, qui a joué un si grand rôle à l'Assemblée constituante.

A côté est celui de *La Rochefoucault*, qui a un très-beau jardin et des bains publics. C'est dans ce jardin que le duc de La Rochefoucault a donné un grand dîner, en 1790, à tout le corps municipal de Paris, en qualité de président du département. Mercier, auteur du Tableau de Paris, est mort, en 1814, dans cet hôtel, où il demeurait. C'est dans cet hôtel qu'est la librairie stéréotype de M. Nicolle, ainsi que les libraires Langlois et Amables-Costes.

Passons dans la *Rue du Four Saint-Germain*, où l'on voit une grande et vieille maison qui a été habitée par la belle Gabrielle, maîtresse de Henri IV.

Rue Tarane. Elle tient au carrefour Saint-Benoît, et aboutit rue des Saints-Pères; elle est grande et belle.

L'on remarque l'hôtel ci-devant de *l'abbé Viennet*, où *Blanchard* fit, en 1787, l'expérience d'un vaisseau volant; il avait annoncé qu'il s'élèverait de 30 pieds ; le *fameux vaisseau* ne s'éleva que de 4 pouces de terre. Les spectateurs redemandaient leur argent, mais la recette était déjà partie ; les billets d'entrée coûtaient 3 livres. Un plaisant proposa de ne payer qu'à raison de tant le pouce d'élévation.

Il y a dans cette rue une fontaine, dite *Fontaine de la Charité*, qui n'a rien de remarquable ; mais on y lit ces deux vers de Santeuil :

Quem pietas aperit miserorum incommoda fontem,
  Instar aquæ largas fundere monstrat opes.

Près de la fontaine, est la fabrique d'*Eau de Mélisse*, dite *des Carmes Déchaussés*. Plusieurs ci-devant religieux des Carmes dirigent cette fabrique.

On trouve dans cette rue de très-jolis bains ; ils sont décorés avec élégance et d'une propreté admirable.

Rue des Saints-Pères, ou des Cinq-Pères. Cette rue tient à la rue Tarane, et aboutit au quai Voltaire, où l'on voit

L'*hôpital de la Charité*, chef-lieu de l'ordre de la Charité, institué par saint Jean-de-Dieu, en 1540, dans la ville de

Grenade, pour retirer et secourir les pauvres malades.

Leur établissement à Paris remonte à Marie de Médicis, seconde femme de Henri IV, en 1602. Leur premier emplacement, dans cette ville, fut le lieu qu'occupaient les Petits-Augustins, rue de ce nom ; mais Marguerite de Valois ayant eu besoin du terrain où étaient les frères de la Charité, ils allèrent, en 1606, s'établir où ils sont aujourd'hui, on la nomma alors rue des *Cinq-Pères*, parce qu'ils n'étaient que cinq pour diriger la maison.

Rue Saint-Dominique. Cette rue très-longue commence à celle des Saints-Pères, et aboutit à l'esplanade des Invalides.

L'on remarque les ci-devant grand et petit hôtel *Matignon*, ceux de *Béthune*, de *Mortemart*, d'*Avrincourt*, bâtis par M. Verniquet, de *Luynes*, bâti par Le Muet, architecte.

En face de l'hôtel de Luynes était le couvent des *Jacobins*, sous l'invocation de *Saint Thomas d'Aquin*, aujourd'hui paroisse.

C'est dans l'église des Jacobins de cette rue que les membres de la société dite *des Jacobins*, ont tenu plusieurs séances en 1798 (an 7), après leur expulsion de la salle dite *du Manège*, aux Tuileries, où ils s'étaient retirés par suite de la fermeture, d'après un ordre de la convention nationale, de leur salle aux Jacobins de la rue Saint-Honoré. Le ministre de la police Fouché a encore fait fermer ce dernier local de la rue Saint-Dominique.

Nous avons remarqué que cette société a choisi de préférence, pour se réunir, les maisons des religieux Jacobins, et qu'elle a pris le nom de *Société des Jacobins*.

L'histoire n'a pas oublié que ce fut *Jacques Clément*, *Jacobin*, qui assassina à Saint-Cloud Henri III.

Le monastère des Filles de la Visitation Sainte-Marie était en face des Jacobins.

En continuant la rue Saint-Dominique, au-dessus de celle de Bourgogne, l'on voit les hôtels de *Lignerac*, de *Brienne*. Les Filles de la *Providence* ou la Communauté de *Saint-Joseph*, et le couvent de Belle-Chasse ou des chanoinesses du *Saint-Sépulcre* étaient encore dans cette rue, le premier depuis 1640, le second dès l'année 1636.

L'hôtel de Broglie et celui de Benonville sont près de ces couvents.

On y voit encore les hôtels de Guerchi, de *Soyecourt*, de *Saumery*, de la *Trémouille*, de la princesse de *Conti*, etc.

Le 24 août 1787, à dix heures du soir, une multitude munie de torches se porta à l'hôtel du ministre de *Brienne*, rue Saint-Dominique, dans l'intention d'incendier sa maison, par suite de l'insurrection qui eut lieu le même jour, place Dauphine, pour soutenir le parlement contre la cour.

Rue de Grenelle Saint-Germain. Cette rue commence à la Croix-Rouge et aboutit au Champ-de-Mars.

Le premier objet qui fixe l'attention, en entrant dans la partie gauche, est la superbe *Fontaine de Grenelle*, édifice achevé en 1739, d'après les dessins du célèbre *Bouchardon*, sculpteur; elle est formé d'un avant-corps et de deux ailes qui décrivent un demi-cercle; toute la base est ornée de refends, et forme piédestal continu.

On remarque encore dans cette rue les anciens hôtels de *Créqui*, de *Feuquières*, de *Castellane*, de *Maurepas*, de *Caumont*, de *la Salle*, de *Malllebois*, d'*Avaray*, de *Phélipeaux*.

Même rue, presqu'en face de la rue *HillerinBertin*, on voit la ci-devant *abbaye royale de Panthemont*, qui était occupée par des religieuses de la règle de Saint-Bernard. L'église avait été reconstruite; le dauphin, père de Louis XVI, en posa la première pierre en 1749. Elle sert aujourd'hui de temple pour les protestans. Le terrain du jardin a été vendu. Plusieurs jolies maisons y ont été construites. Près de là est l'hôtel de *Rochechouart*, remarquable par sa distribution et par la richesse du décor intérieur.

L'hôtel de *Brissac*, où loge le ministre de l'Intérieur, fait face à l'hôtel de Conti, où sont les bureaux de son ministère. Près de là, l'ancien *monastère des religieuses Carmélites*, fondé en 1664 par la reine Marie-Thérèse d'Autriche, établi d'abord dans la rue du *Bouloir*, transféré rue *Greneta* en 1669.

On voit l'hôtel de *Lamoignon*, de *Sens*, l'hôtel du baron de *Bezenval*, inspecteur-général des Gardes-Suisses.

Les hôtels *Monaco*, de *Mirepoix*, de

Kunski, du *Châtelet*, de *Dillon*, de *Seignelai*, du *Roure*, etc.

L'*hôtel Monaco* sert, depuis 16 ans, de logement aux ambassadeurs de la Porte-Ottomane.

La direction générale des ponts et chaussées, de la navigation intérieure et ports maritimes de commerce, et l'école impériale des ponts et chaussées, sont établies rue de Grenelle.

Église Sainte-Valère, située après le jardin de l'hôtel de Monaco, était la maison conventuelle des Filles pénitentes, dites *de Sainte-Valère*, destinée aux filles de famille dont la conduite était peu régulière. Elle est aujourd'hui la troisième succursale de la paroisse de Saint-Thomas d'Aquin, dixième arrondissement.

Rue de Varenne, où se trouvent de beaux hôtels; les principaux sont les ci-devant hôtels Montmorenci-Tingri, Rohan-Chabot, de Guignes, les ci-devant écuries de la reine.

L'hôtel du maréchal de *Biron*, qui est l'un des plus remarquables. Son grand et magnifique jardin, qui donne sur le boulevard, était l'un des mieux cultivés et des plus complets en fleurs de toute espèce de tous les jardins de France.

L'hôtel Matignon, élevé en 1721 sur les dessins de *Crotone*, fameux architecte, est un des plus beaux de Paris.

L'hôtel du duc *d'Orsai* a été occupé par le ministre directeur de l'administration de la guerre. Du même côté est *l'hôtel de Castries*. Le 13 mars 1790, à la suite du duel qui avait eu lieu la veille entre M. de Castries, colonel mestre-de-Camp de cavalerie, et M. Charles de Lameth, pour raison d'opinions politiques, et où M. Lameth fut blessé, une multitude se porta rue de Varenne à l'hôtel de Castries, brisa et jeta par les fenêtres le riche mobilier : il ne resta que les quatre murs.

Rue de Sèvre. Ainsi nommée à cause du village de Sève ou Sèvre, auquel elle conduit. On y voyait *l'hospice de Saint-Sulpice*, institué par ordre du roi en 1778 pour les indigens de la paroisse.

Les hospitalières de *Saint-Thomas-de-Villeneuve*.

L'Abbaye-aux-Bois, de l'ordre de Citeaux, l'église a été rebâtie en 1718. L'église de *l'Abbaye-aux-Bois* est succursale de la paroisse de *Saint-Thomas-d'Aquin*, dixième arrondissement.

Hôpital des Incurables. On reçoit dans cette maison les *indigentes* percluses de leurs membres, ou attaquées d'autres infirmités incurables qui les mettent dans l'impossibilité de se livrer à aucun genre de travail.

Hôpital Necker, fondé dans l'ancien monastère de Notre-Dame-de-Liesse, par madame Necker, sous le règne du ministre des finances son mari.

A côté de l'hôpital Necker est celui des *Enfans malades*. Maison spécialement destinée à recevoir les enfans malades des deux sexes, de l'âge de deux à quinze ans. On y compte plus de quatre cents lits.

Hospice des Ménages, situé rue de Sèvre, est divisé en deux parties: *préau* et *dortoirs*. Il est destiné aux époux en ménage, dont l'un doit être âgé au moins de soixante-dix ans, et l'autre au moins de soixante ans.

Au mois de novembre 1789, M. Beauvais médecin, président de son district, fut assassiné à onze heures du soir, près l'établissement de l'Enfant-Jésus, rue de Sèvre, pour ses opinions patriotiques.

Rue du Cherche-Midi, autrefois Chasse-Midi. On remarque à l'entrée de cette rue, du côté de la rue du Regard, où elle commence, les ci-devant hôtels de *Mont-Clerc* et des *Députés d'Artois.*

Les Bénédictines de Notre-Dame de Consolation, sous le nom de *Chasse-Midi.* Au-dessus, le prieuré de Chasse-Midi.

Un peu plus haut, la Communauté du Bon Pasteur.

En 1791, le comte de Clermont-Tonnerre, député à l'assemblée constituante, et du parti opposé à la révolution, fut assassiné dans cette rue, presqu'en face de son hôtel, par une multitude égarée.

L'hôtel de *Toulouse* faisait l'angle de la rue du Regard, vis-à-vis celui de *Rochambeau*: plus loin, étaient les écuries de l'ambassadeur de Sardaigne; au-dessus, l'hôtel de *Peruse-Escars.*

Rue Saint-Maur, près la rue de Sèvre. On y voyait la communauté des *Sœurs des Écoles chrétiennes et gratuites,* dites de l'Enfant-Jésus.

Au-delà du boulevard,

La maison de l'Enfant-Jésus, fondée par la reine, épouse de Louis XV, à l'occasion de la naissance du duc de Bourgogne, pour trente jeunes demoiselles pauvres, qui étaient obligées, pour y entrer, de prouver deux cents ans de noblesse.

Rue Sainte-Marguerite, qui tient à la rue de Bussy et à celle Tarane. On voit dans la rue Ste.-Marguerite la *prison dite de l'Abbaye Saint-Germain*. Prison affectée d'abord aux Gardes-Françaises, et ensuite à tous les militaires.

Le 30 juin 1789, onze soldats aux Gardes-Françaises, prisonniers pour insubordination, adressèrent aux groupes qui se formaient tous les jours au Palais-Royal une pétition tendant à obtenir leur liberté. Ils donnaient pour raison qu'ils avaient été envoyés en prison par ordre du duc *du Châtelet*, leur colonel, pour n'avoir pas voulu tourner leurs armes contre les citoyens. Cinquante individus courent à la prison, enfoncent les portes, et promènent en triomphe les prisonniers. Cette prmière infraction aux lois a été d'un dangereux exemple.

Dans les journées des 2 et 3 septembre 1792, la bande d'assassins s'est portée dans cette prison, et y a égorgé cent trente-un détenus, dont dix-huit prêtres.

En 1792, M. *Clavière*, ex-ministre des finances, détenu dans cette prison, prévoyant qu'il devait périr sur un échafaud, se détermina à se plonger trois coups de couteau dans le sein.

Madame *Roland*, femme de l'ex-ministre, est sortie de l'Abbaye pour aller au tribunal révolut. le 10 novembre 1793.

Cette prison, presqu'entièrement rebâtie, est actuellement aérée. L'on a formé une place où était le corps-de-garde. Combien de militaires, victimes de Buonaparte, ont été fusillés sans jugement dans la plaine de Grenelle, au sortir de cette prison.

Marché Saint-Germain. Sa principale porte, d'ordre dorique, est surmontée d'un attique qui était couronné par les armoiries du cardinal de Bissy, qui fit construire le marché et la porte.

Cour du Dragon. Le vaste terrain de cette cour était anciennement un manège; il est aujourd'hui entouré de maisons uniformes: la cour sert de passage pour communiquer de la rue Sainte-Marguerite à celle du Dragon. On voit sur la porte d'entrée un dragon, par allusion au prétendu dragon de sainte Marguerite. Toutes les boutiques de ce passage sont occupées par des marchands de poêles et de vieille ferraille.

Rue du Dragon, tient de la rue Taranne et celle du Jour. Le célèbre acteur Molé, mort en 1802, demeurait dans cette rue.

Rue de Bourbon. Cette rue, nommée ci-devant rue de *Lille*, tient aux rues des Saint-Pères et de Bourgogne. On y remarque le

Palais de la *Légion d'honneur*, hôtel du *Prince de Salm*, bâti sur les dessins de l'architecte Rousseau. C'est dans ce palais que le grand chancelier de la Légion d'honneur (M. Lacépède) a conçu les *beaux discours paternels* pour les conscrits, principalement cette phrase : « Les jeunes gens trouveront des amusemens agréables près des champs de bataille. »

Depuis l'installation des bureaux de la Légion d'honneur, il a été fait de grands changemens dans l'intérieur de ce palais, tous analogues à son objet.

Cet édifice nous a paru assez curieux pour en donner deux gravures.

Le grand chancelier de la Légion d'honneur loge dans ce palais. Les deux fils du roi de Prusse ont logé dans ce palais lors de leur séjour à Paris depuis l'entrée des armées des alliés, le 31 mars 1814. L'empereur d'Autriche et le roi de Prusse ont logé dans la même rue et à la même époque. Le dernier

Dans le superbe hôtel de *Choiseul-Praslin*, bâti en 1721, sur les dessins de Bruant, architecte, pour le comte, depuis maréchal de Belle-Isle.

Rue Jacob. Cette rue tient à la rue du Colombier et aboutit à celle de l'Université.

C'est à l'hôtel (ci-devant garni) de Danemarck, qui est au coin de la rue Saint-Benoît, que le roi de Danemarck a logé lors de son voyage à Paris, ainsi que l'ambassadeur de Tipoo-Saïb.

Un peu plus bas, du même côté, est l'hôtel de Bourbonne-les-Bains, garni, où il y avait des bains.

Rue de l'Université. Elle tient à celle des Saints-Pères et aboutit sur la place des Invalides; c'est l'une des plus belles, des plus propres et des mieux alignées de Paris, et où il y a de beaux hôtels.

Les rues de l'Université, des Petits-Augustins, Jacob, partie de celles du Bacq et des Saints-Pères, ont été percées sur un terrain qui appartenait et relevait de l'Université, qui lui avait été donné par les rois, et qu'on appelait le *grand Pré aux Clercs*.

L'on remarque dans la rue de l'Université les hôtels de Villeroi, de Desgrigni, de Joubert, d'Amelot, de Senectère, de Maupou, de Rohan-Montbazon, de Beaupréau, de Gensac, de Polignac et de Chabannes.

L'atelier télégraphique a été à l'hôtel de Villeroi en 1792, jusqu'en 1801.

On y voit encore :

L'Ecole des Mines, composée d'inspecteurs, d'ingénieurs et d'élèves, qui ont chacun un arrondissement qu'ils sont chargés de parcourir, et où ils résident. L'école possède une magnifique collection de minéraux et une belle bibliothèque.

Musée d'artillerie. Ce musée renferme toutes les inventions créées pour la destruction de l'homme : des épées, des poignards, des lames de toute espèce, et une collection d'armes à feu, depuis leur origine. Il y a plusieurs armures curieuses provenant de Chantilly et du Garde-Meubles, entre autres celles de Louis X , de Louis XIV, de Godefroy de Bouillon et de la Pucelle d'Orléans. On y voit le magnifique fourreau de l'épée que Louis XVI avait à son sacre, et les fusils, sabres et pistolets d'honneur que le Gouvernement accorde aux militaires.

Rue du Bacq, très-passagère, est très-bruyante à cause des voitures, depuis que presque tous les ministres ont occupé des hôtels dans les rues adjacentes, Saint-Dominique, de Grenelle et de Varenne. La rue du Bacq tient à la rue de Sève et aboutit au pont Royal. Le ministre des affaires étrangères occupe le bel hôtel ci-devant Gallifet.

Le séminaire des Missions Étrangères, entre les rues de Grenelle et de Varenne, est rétabli depuis sept ans.

L'on remarque dans cette rue les hôtels de Talaru, de Matignon et de Châtillon, l'ancien monastère des *Filles de l'Immaculée Conception*, dites *Récollettes*.

Les *convalescens de la Charité*.

Rue de Verneuil. On voit encore les hôtels de Montboissier et de Montesquiou.

Marché de Boulainvilliers. On arrive à la principale entrée de ce marché par les rues de Verneuil et du Bacq. Il a été construit par le marquis de Boulainvilliers, prevôt de Paris, sur le terrain de l'ancien hôtel des Mousquetaires-Gris.

Quai Conti ou *de la Monnaie.* Ce quai commence en face du Pont-Neuf, au coin de la rue Dauphine, et se termine au pont des Arts. On voit sur ce quai la fabrique des croix de la Légion d'honneur. A côté

L'hôtel des Monnaies, bâtie sur le terrain où était l'*hôtel* du prince de *Conti.* Ce fut l'abbé Terray qui posa la première pierre de ce magnifique bâtiment, le 20 août 1771. La façade a 117 mètres (60 toises de largeur), sur 24 mètres (13 toises) de hauteur. Au-devant de l'avant-corps, qui est décoré de six colonnes ioniques, s'élève un attique, qui, à l'aplomb des fenêtres, offre des tables renfoncées, ornées de festons, etc.

La cour principale des monnaies a 86 mètres (110 pieds) de profondeur, sur 30 mètres (92 pieds) de largeur; une galerie règne au pourtour; elle est terminée par une pièce circulaire, percée alternativement d'arcades et de portes carrées. On voyait autrefois au-dessus les bustes des rois Henri IV, Louis XIII, Louis XIV et Louis XV. L'entrée de la salle destinée aux balanciers est ornée de quatre colonnes doriques; la voûte surbaissée de cette salle est soutenue par des colonnes d'ordre toscan; elle a 20 mètres (62 pieds) de long, sur 12 mètres 2 tiers (39 pieds) de large, et contient neuf balanciers. Au fond est une statue de la Fortune, exécutée par Mouchy. Au-dessus de cette salle est celle des ajusteurs, de pareille étendue, et qui contient cent places. L'Hôtel des Monnaies renferme six cours nécessaires pour le service de la fabrication. L'entrée des différens ateliers, par la rue Guénégaud, présente une étendue de bâtimens de plus de 112 mètres (58 toises). Le milieu de ce bâtiment est indiqué par un avant-corps, qui, faisant retraite à la hauteur de l'attique, est orné de quatre statues, représentant les quatre élémens, par Caffieri et Duprez. Trois inscriptions latines placées dans l'attique, entre les figures, indiquent l'usage du monument et l'année de son exécution.

On y voit un cabinet minéralogique formé en 1778 avec la collection que le célèbre Lesage fut dix-huit ans à recueillir. Au milieu de ce cabinet est un amphithéâtre pouvant contenir quatre cents personnes. Il est ouvert tous les jours au public, depuis dix heures du matin jusqu'à deux, excepté les dimanches et fêtes.

On y fait des cours publics de chimie.

Le bureau de garantie pour les matières d'or et d'argent, dans le bâtiment de la Monnaie, a son entrée par la rue Guénégaud.

Le cabinet des médailles, qui était au Louvre, occupe depuis douze ans la partie du bâtiment de l'ancien affinage, rue Guénégaud.

On peut voir tous les jours le cabinet précieux des médailles.

Les trottoirs de l'hôtel des Monnaies sont larges et commodes pour les gens de pied. Des marchands d'estampes y étalent des gravures et les caricatures périodiques, qui amusent les passans.

Palais des Beaux-Arts. Ce palais (ci-devant collége Mazarin, ou des Quatre-Nations, situé en face du Pont-des-Arts,

Collège des quatre Nations ou Palais des Beaux Arts.

fut fondé par le cardinal Mazarin en 1661 pour l'éducation et pour l'entretien de soixante jeunes gentilshommes des pays conquis par Louis XIV. Cet édifice fut commencé sur les dessins de Le Veau, et achevé à la fin de l'année 1662 par Lambert et Dorbay. Le dôme est regardé comme un chef-d'œuvre de l'art. Les cendres du cardinal Mazarin reposaient dans cette église, à droite du sanctuaire. Le mausolée de ce cardinal, fait par Coysevox, se voit à présent au Musée des monumens français.

L'intérieur des bâtimens du palais des Arts est occupé par des artistes qui avaient leur logement *gratis* au Louvre, par les bureaux et la bibliothèque des membres de l'Institut, par les écoles de peinture, sculpture, etc. qui étaient au Louvre.

L'on désirait, depuis plus d'un siècle, voir démolir les deux pavillons qui masquent le plus beau point de vue de Paris, et resserrent le quai dans deux endroits ; les gens de pied étaient exposés avant les passages qu'on a pratiqués depuis sous ces deux pavillons.

L'Institut national, qui a remplacé les

anciennes académies, est destiné à l'avancement des sciences et des arts, et ses travaux ont pour objet l'utilité et la gloire nationale.

Le costume des membres de l'Institut est habit vert foncé, brodé en soie couleur vert-clair. Les membres de l'ancienne académie n'avaient point de costume.

La nouvelle salle de l'Institut, dans l'ancienne église du collége Mazarin, est très-jolie. L'architecte a tiré le meilleur parti du local, qui est ingrat. Il n'a pu donner à cette salle l'air de majesté qui convient à la réunion d'hommes qu'on suppose les plus savans de la nation.

Toutes les statues qui décoraient la salle du Louvre sont transportées dans celles-ci.

On a construit, sur les deux côtés du portail du palais des Beaux-Arts, deux fontaines ornées de quatre lions en bronze qui donnent de l'eau. Ces fontaines dégradent la majesté de ce palais, qui se trouve en face du pont des Arts. L'on devrait placer deux réverbères de chaque côté de ce palais pour éclairer la place, cela rendrait la chute du pont moins ridicule et plus sûre la nuit.

Pont des Arts ou du Louvre.

La Bibliothèque Mazarine occupe le premier étage du pavillon du palais des Beaux-Arts, qui est du côté de l'hôtel des Monnaies.

La Bibliothèque Mazarine, fondée par le cardinal Mazarin le 6 mars 1661, composée de soixante mille volumes, a été considérablement augmentée depuis la révolution. Elle est ouverte tous les jours, excepté le jeudi et le dimanche, depuis dix heures jusqu'à deux. On y voit un superbe globe terrestre, fait sous la direction de M. Buache.

Pont des Arts, ou du Louvre. Ce pont donne d'un bout en face du Louvre, et de l'autre vis-à-vis le palais des Arts (ci-devant collége Mazarin). Il a été achevé au commencement de l'an 12 (1804); les arches de ce pont sont en fer posé sur des piles et scellées en pierre, le plancher est en bois; de chaque côté est une balustrade en fer.

Le pont des Arts est très-joli; c'est le premier de ce genre en France, il est éclairé le soir par dix-huit lanternes en forme de réverbères.

Ce pont ne sert qu'aux gens de pied, qui payent un sou. A peu de distance est le

Quai Malaquais qui commence rue de Seine, et se termine à celle des Saints-Pères.

On y remarque l'ancien hôtel de Lautrec au coin de la rue des Petits-Augustins; le ministre de Vergennes l'a habité.

A côté, l'hôtel de Juigné, ci-devant à la *duchesse Mazarin*. On y avait établi en 1792 et 1793 l'administration des poudres et armes, ensuite le ministère de la police générale, où se fabriquaient tous les actes du despotisme.

L'ancien *hôtel de Bouillon*, situé immédiatement après, est un vaste et magnifique bâtiment décoré de colonnes : il appartient à la jeune princesse d'Arembert.

Rue des Petits-Augustins, entre le quai Malaquais et la rue du Colombier. Elle tire son nom du couvent des Petits-Augustins, qui y furent établis en 1608. La reine Marguerite, première femme de Henri IV, avait fait venir des Augustins-Déchaussés, auxquels elle donna une maison, six arpens de terrain, et 6000 liv. de rente perpétuelle, à condition qu'ils chanteraient des cantiques et les louanges de Dieu sur des airs qui seraient faits par son ordre. Ces pères, assurément, *n'aimaient pas la musique*, car ils s'obstinèrent à ne vouloir que psalmodier; elle les chassa, et mit à leur place des Augustins, qui devinrent amateurs de musique, avec les six mille livres de revenu qui s'étaient considérablement augmentés.

C'est dans cette rue que demeurait, en 1793, M. Thouret, célèbre avocat, l'un des présidens de l'assemblée constituante, et l'une des victimes du régime de la terreur.

La rue des Petits-Augustins est renommée pour le commerce des objets de curiosité.

Musée des monumens français. C'est dans le couvent, l'église et le jardin des Petits-Augustins, que l'on voit ce musée établi par M. Lenoir, qui a classé par ordre de siècles les monumens qu'il a sauvés des naufrages de la révolution. C'est l'histoire de France en relief, et en même temps celle de l'art, qu'on admire dans cet établissement, qu'on visite toujours avec un nouveau plaisir. Le public y entre les dimanches et les jeudis.

Tous les Souverains alliés, lors de leur séjour à Paris, avril et mai 1814, ont témoigné leur satisfaction à M. Lenoir.

Rue de la Poste, ci-devant Buonaparte. Cette nouvelle rue fait face à celle des Petits-Augustins. Elle est percée sur le terrain du jardin de l'abbaye Saint-Germain-des-Prés.

La poste aux chevaux occupe la partie du bâtiment du couvent où le comité révolutionnaire de la section de l'Unité tenait ses séances, et où l'on avait renfermé 180 prêtres, dont une grande partie a été assassinée dans les journées des 2 et 3 septembre.

C'est dans la grande cour de la poste aux chevaux que vingt individus furent amenés dans quatre fiacres, et déposés au comité civil de la section : des assassins suivirent les voitures, et égorgèrent dix-sept personnes. Les membres du comité civil eurent le bonheur d'en sauver trois en exposant leur vie. L'abbé Sicard fut du nombre de ceux qui échappèrent au fer des assassins. Ce premier crime fut le signal des égorgemens dans les prisons.

En face de la poste aux chevaux est le

cabinet de physique et la fantasmagorie du physicien Lebreton, et, à côté, un bon restaurant; de l'autre côté, le célèbre peintre Gérard.

Abbaye Saint-Germain-des-Prés. Les voyageurs se demandent où a existé cette fameuse abbaye, dont le dernier prieur était un prince du sang.

Elle était ainsi nommée *Saint-Germain-des-Prés*, parce que le grand espace qui la sépare de la Seine était autrefois rempli de prés et de pâturages. Childebert, fils de Clovis, en fut le fondateur.

La bibliothèque de cette abbaye était l'une des plus complètes de celles de Paris, principalement en manuscrits précieux. Un incendie la consuma en 1793.

L'église de l'abbaye renfermait beaucoup d'objets précieux; elle a servi sous le règne de la convention nationale d'assemblée pour les citoyens de la section de l'unité, ensuite d'ateliers pour faire du salpêtre; elle est aujourd'hui paroisse.

Le palais abbatial de l'abbaye est occupé par des particuliers. Plusieurs rues ont été percées sur le terrain du jardin.

Rue Saint-Benoît. La construction de

cette rue date de 1543 et 1640; à cette époque l'abbaye de Saint-Germain-des-Prés était proche et hors des murs de Paris; elle ressemblait à une citadelle; ses murailles étaient flanquées de tours et environnées de fossés; un canal, large de treize à quatorze toises, qui commençait à la rivière, et qu'on appelait la *petite rivière de Seine*, coulait le long du terrain où est à présent la rue des Petits-Augustins, et allait tomber dans ces fossés, qui furent comblés en 1640. D'un côté fut bâti un côté des rues Saint-Benoît, Sainte-Marguerite et du Colombier. L'autre côté de cette dernière rue avait été bâti vers l'année 1543, avec la rue des Marais.

La prairie, que le canal partageait en deux, fut nommée le *grand* et le *petit Pré-aux-Clercs*, parce que les écoliers, qu'on appelait autrefois *Clercs*, allaient s'y promener les jours de fête. Le petit Pré était plus proche de la ville.

Une partie de l'armée de Henri IV était campée dans le Grand-Pré-aux-Clercs, lorsqu'il assiégea Paris en 1589.

Quai de Voltaire, *ci-devant des Théatins*. Ce quai, l'un des plus beaux de Paris, commence à la rue des Saints-Pères, et se termine à la rue du Bacq. Les Théatins lui avaient donné son nom.

L'établissement de ce couvent est de 1644. Le cardinal Mazarin fit venir de Rome douze Théatins et leur donna cent mille écus pour former leur établissement dans Paris. Il n'y avait dans tout le royaume que ce seul couvent.

L'église des Théatins a servi de magasin à farine pendant les années 1792, 93 et 94.

Le particulier qui en a fait l'acquisition y a fait construire une salle de spectacle, qui, sans contredit, est l'une des plus belles et des plus solides de Paris, et peut-être même de toute l'Europe. Elle est en outre très-favorable pour la voix et la musique. Les corridors et les issues sont très-larges; mais elle n'a pas encore été en activité.

L'état-major de la police militaire était à côté de la ci-devant église des Théatins, jusqu'à l'époque du renversement du gouvernement de Buonaparte.

Depuis la multiplicité des boutiques, tous les propriétaires des ci-devant hôtels qui sont sur ce quai en ont fait construire. Il n'en existait pas une avant la révolution. Vous y voyez des magasins de librairie, de porcelaine, d'estampes; des marchands de meubles, des cafés, etc.

Par le fait de la révolution, l'ancien procureur *Vigier*, propriétaire des bains, l'est aussi devenu de l'immense bâtiment presqu'en face du pont des Tuileries, que les Théatins avaient fait construire, et qui leur rapportait quarante mille liv. de rente. Le procureur *Vigier* est encore propriétaire de plusieurs beaux hôtels sur ce quai; ainsi que de l'ancien hôtel de *Tessé*.

L'on remarque sur ce quai les anciens hôtels de la *Briffe*, de *Vaubecourt*; au coin de la rue de Beaune, celui de *Nesle*, superbe bâtiment, avec une longue terrasse le long du quai. L'hôtel de Nesle appartient à un notaire, qui y a demeuré depuis 1803 jusqu'en 1813.

A l'autre coin de la rue de Beaune est l'ancien hôtel de *Vilette*, où Voltaire a terminé sa carrière le 30 mai 1778, à l'âge de quatre-vingt-quatre ans. Sa famille avait fait transporter ses restes, en poste, à l'abbaye de Scillières, dont son neveu, M. Mignot, était abbé commandataire, afin d'éviter les tracasseries du clergé de Paris, qui avait refusé de l'enterrer.

En 1791 les restes de Voltaire furent rapportés à l'hôtel de Vilette, et la translation au Panthéon eut lieu le 12 juillet de la même année.

Jamais obsèques de souverain n'ont présenté un ensemble aussi majestueux ; la marche triomphale a commencé à trois heures de l'après-midi, et a duré jusqu'à dix heures du soir.

L'on remarque le long de ce quai des étalages de cartes géographiques, de gravures, et tous les jours de nouvelles caricatures. Que de réflexions nous avons faites depuis 1789, en voyant toutes ces caricatures exposées, tous ces portraits des hommes du jour qui ont été successivement remplacés par de nouveaux.

Ceux de Mirabeau, de Cazalès, de l'abbé Maury, de La Fayette, furent remplacés par ceux de Pétion, de Vergniaud, de Grangeneuve, lesquels ont été remplacés par ceux de Marat, de Robespierre, du père Duchesne, remplacés eux-mêmes par les membres du directoire, toute la famille de Buonaparte, les nouveaux princes, les ducs, généraux, ministres, etc., etc., etc.

Pie VI a été représenté au moment où on avait brûlé son mannequin au Palais-Royal, et l'on voit aujourd'hui Pie VII dans une attitude respectable de sainteté.

Les marchands d'estampes ressemblent à ces hommes de lettres qui écrivent pour tous les partis, peu leur importe de quelle manière ils gagnent de l'argent.

Bains Vigier. Parmi les trois bains placés sur la rivière, au Pont-Neuf et au Pont-Royal, on distingue le beau bain Vigier, placé sur un bateau qui a la longueur d'un grand navire. Il a deux étages et contient cent quarante baignoires. A chaque étage sont des galeries ornées de colonnes et de pilastres, avec deux beaux plafonds; elles sont éclairées par des campanilles communiquant de l'une à l'autre galerie. Au dehors du bateau est une espèce de porche, orné d'arbustes et de fleurs de toutes espèces, et vis-à-vis, sur le bord de la rivière, on voit un parterre fort agréable, ombragé par des saules et des peupliers. En un mot, cet établissement réunit la commodité, l'élégance et l'agrément.

Pont-Royal. Ce pont fait face à la rue du Bacq, et de l'autre côté au pavillon du château des Tuileries. Il se nommait d'abord *Pont-Royal*, ensuite *Pont-National*, *pont de la République*, *pont des Tuileries*. Il a été bâti sous Louis XIV.

Le Pont-Royal présente l'un des plus beaux coups-d'œil de la ville : on y découvre le Cours-la-Reine, les Tuileries, le Louvre, le pont des Arts, le Pont-Neuf, les quais d'Orsai, de Voltaire, Malaquais, etc.

Galiotes et petits batelets. Du côté des Tuileries, au bas du Pont-Royal on trouve tous les batelets et la galiote pour faire, par eau, le voyage de Saint-Cloud.

Quai d'Orsai, ci-devant *Bonaparte*. Il commence au Pont-Royal et doit se terminer au pont d'Iena ou de l'Ecole militaire. C'est l'un des plus beaux quais de Paris.

Il est en outre décoré de superbes bâtimens, terrasses et jardins des hôtels dont l'entrée principale est dans la rue de Lille, ainsi que du bâtiment et de l'immense terrasse du Palais-Bourbon, qui va jusqu'à l'esplanade des Invalides.

Le point de vue de dessus le pont de Louis XVI est peut-être le plus beau de l'Europe. On remarque sur le quai les belles casernes de la ci-devant garde impériale, aujourd'hui *Hôtel des Gardes du Corps du Roi*.

Sur la rivière, l'Ecole de Natation. On doit à M. Deligny ce nouveau genre d'établissement et d'instruction. Un décret ordonne d'établir des écoles de natation dans chaque ville où il y a un lycée.

Pont de Louis XVI. Ce pont, vis-à-vis le Palais-Bourbon, a été commencé en 1787 et fini en 1791, d'après les dessins du célèbre Peronnet, premier ingénieur des ponts-et-chaussées. Ce pont a cinq arches d'une construction nouvelle et élégante, formées chacune d'un portion d'arc de cercle, et soutenues par des piles très-légères, avec des colonnes engagées : les parapets sont composés de balustrades ; des obélisques doivent être placés à l'aplomb des piles.

Palais-Bourbon. Ce palais, situé au bout de la rue de l'Université, près les Invalides, a été élevé par ordre de Louise-Françoise de Bourbon, légitimée de France duchese de Bourbon. Il fut commencé en 1722, sur les dessins de Giardini, architecte italien, continué sur ceux de Lassurance, de Jules Hardouin Mansard, et fini par Jacques Gabriel père, sous la conduite d'Aubert. Et lorsque le prince de Condé eut fait l'acquisition de ce palais,

Entrée du Palais du Corps législatif.
Palais Bourbon.

Barreau et Le Carpentier y firent exécuter de grandes augmentations.

L'entrée principale est décorée d'un arc de triomphe d'ordre corinthien, accompagné de galeries en colonnes isolées, portant des voussures qui étaient ornées de caissons entre deux pavillons. Cette disposition annonçait la demeure de la famille du *grand Condé*. La porte était chargée d'ornemens de bronze; l'écusson des armes du prince, qui couronnait cet arc, était soutenu par des allégories dues au génie et au ciseau du célèbre Pajou, sculpteur du roi.

Depuis la révolution on a achevé la place qui avait été projetée, et qui donne le point-de-vue nécessaire pour jouir de l'ensemble et de l'entrée de ce beau palais.

Les communs de ce palais sont composés de dix cours principales, et renfermaient toutes les commodités nécessaires, et des logemens considérables pour toutes les personnes qui étaient attachées au service du prince.

Il y a des écuries pour trois cent cinquante chevaux.

Le bâtiment appelé *petit palais Bourbon* était l'ancien *hôtel de Lassay*, où l'on a fait des changemens considérables sur les dessins et sous les ordres de M. Bélisard, architecte du roi.

Les appartemens étaient décorés de peintures des plus grands maîtres, de tapisseries des Gobelins de la plus grande beauté. Tout annonçait la grandeur et la magnificence.

Tout le terrain du palais Bourbon contient quatorze mille sept cent quatre-vingt-dix-huit toises de superficie.

Il y a une terrasse de plus de cent cinquante-huit toises de long qui règne sur le quai d'Orsai, au bas duquel la Seine forme un canal naturel et magnifique. La vue de cette terrasse, qui va jusque sur la place des Invalides, est des plus belles et des plus variées, par le point de vue d'une partie de Paris, le long de la Seine, du jardin et du château des Tuileries, du pont et de la place Louis XV, des Champs-Elysées, de la route de Versailles, de Chaillot, de Passy et d'Auteuil.

Indépendamment de cette terrasse il y a un joli jardin pour lequel le prince de Condé n'a rien épargné. Attenant est le

Palais des députés des départemens,

Façade du Palais du Corps législatif. Côté du Pont de Louis XVI.

*Intérieur de la cour du Palais du Corps législatif.
Palais Bourbon.*

ci-devant Corps législatif. Le directoire exécutif a fait construire une salle pour le corps législatif (conseil des cinq cents). L'on a fait dans la grande cour beaucoup de changemens qui ont gâté la beauté de ce palais. La façade du côté du pont de Louis XVI produit le plus mauvais effet ; l'on dirait une caserne. La salle est petite, mais assez belle : elle est ornée de statues en marbre.

Tous les bâtimens du palais Bourbon ont été occupés par l'administration des charrois militaires sous le règne de la convention nationale, par l'Ecole Polytechnique jusqu'en 1805 ; en 1806 on y a exposé pendant deux mois tous les objets de l'industrie nationale ; en dernier lieu les bureaux et le grand-maître de l'Université (Fontanes), jusqu'au moment du retour des anciens propriétaires, le prince de Condé et le duc de Bourbon.

Le 4 juin 1814 Louis XVIII est allé au Corps-Législatif pour y faire lire la nouvelle constitution ; il a nommé de suite les membres de la chambre des pairs, et ceux de la chambre des députés des départemens.

Hôtel royal des Invalides. Louis XIV, en faisant construire ce superbe monument, n'a fait qu'accomplir les vœux de ses prédécesseurs; car Henri IV avait projeté un établissement pour pourvoir à la subsistance des militaires blessés au service de la patrie. Ils furent d'abord placés rue de l'Oursine, dans la ci-devant maison de la Charité chrétienne.

Louis XIII destina le château de Bicêtre pour remplir cet objet. Sa mort empêcha le succès de cette entreprise, et Louis XIV disposa de cette maison, en 1656, en faveur de l'hôpital-général; les fondemens de l'Hôtel des Invalides furent jetés le 30 novembre 1670.

Ce magnifique monument, qui a coûté des millions, a été fait sur les dessins de Libéral Bruant, architecte, qui y a employé trente années.

L'hôtel des Invalides peut contenir près de cinq mille hommes. Buonaparte a fait dorer de nouveau le dôme; ce qui fait un contraste ridicule avec la simplicité extérieure du bâtiment. Il valait mieux améliorer le sort des braves.

1789—12 juillet. Dans la nuit du 12 au 13, le ministre de la guerre crut prudent de faire enlever aux Invalides six voitures chargées de fusils, de crainte que le peuple ne s'en emparât; le surplus des fusils qui

Hôtel des Invalides.

ne purent s'emporter furent cachés entre la voûte de l'église et le toit. L'on avait encore couvert de paille plus de dix mille autres qui étaient dans les caves.

— 14 juillet. Les jeunes gens de la Bazoche, suivis d'une multitude, marchèrent aux Invalides, et y enlevèrent de force 30,000 fusils, avec les six pièces de canon qui se trouvaient dans la cour.

1793, le 12 octobre (19 vendémiaire an 3), lors de l'exhumation générale des rois de France, qui se fit dans l'abbaye de Saint-Denis, on trouva entier et en forme de momie sèche le corps du maréchal de Turenne; il fut remis au gardien de l'église, qui l'exposa aux regards des curieux pendant plus de six mois. Henri IV fut également trouvé intact; mais les circonstances s'opposèrent à sa conservation. Sur la réclamation de M. Desfontaines, professeur au Jardin des Plantes, au comité d'instruction publique, le corps de Turenne lui fut remis. Il le déposa dans une des salles de ce bel établissement, où il fut exposé aux regards du public.

1799. — 16 août (27 germinal an 7),

le Directoire exécutif arrêta que Turenne serait transporté au Musée des monumens français, et déposé dans un sarcophage taillé à l'antique, sur les dessins de M. Lenoir.

1800. — 23 septembre (1 vendémiaire an 9), les restes de cet illustre guerrier, ainsi que le beau mausolée qu'il avait à Saint-Denis, furent transportés dans le dôme des Invalides, pour y être éternellement conservés. On lit encore cette éloquente inscripfion, que M. Lenoir avait fait graver : *Turenne.*

1803.—Le 14 juillet (25 messidor an 11), le premier consul Buonaparte, le second et le troisième consuls, ainsi que toutes les autorités, ont célébré dans la chapelle des Invalides l'anniversaire du 14 juillet. La même cérémonie y a eu lieu le 26 messidor an 12, correspondant au 15 juillet 1804, par Buonaparte, Empereur des Français. Tous les membres de la légion d'honneur qui se trouvaient à Paris ont prêté le serment entre les mains de l'Empereur, qui distribua l'étoile d'honneur à 2000 légionnaires.

1806. — Octobre. Buonaparte a fait présent aux Invalides de l'épée du grand Frédéric, de son cordon de l'Aigle-Noire, de sa ceinture de général, ainsi que des drapeaux que portait sa garde dans la guerre de sept ans.

1807. — 17 mai. On a fait la translation aux Invalides de l'épée et des décorations du grand Frédéric, et des drapeaux conquis dans la dernière campagne en Prusse. Le maréchal Moncey portait l'épée et les décorations du grand Frédéric. Les drapeaux conquis dans la dernière campagne étaient sur un char attelé de six chevaux, suivi de tous les militaires qui étaient à Paris.

M. Fontanes, président du corps législatif, a prononcé un discours analogue, dans lequel on lit de belles pensées, mais quelques reproches au grand Frédéric sur sa philosophie. Nous ignorons comment M. Fontanes se serait conduit, si Voltaire et d'Alembert eussent été du nombre des auditeurs.

Le 7 février 1804 (18 pluviôse an 8), le premier consul a arrêté que l'hôtel des Invalides serait enrichi d'une bibliothèque de vingt mille volumes. Cette bibliothèque, composée des meilleurs livres dans tous les genres, placée dans la vaste et belle salle où se tenait précédemment le conseil, est ouverte à tous les militaires invalides, depuis neuf heures du matin jusqu'à trois heures de l'après midi. La veille de l'entrée des armées alliées à Paris, 31 mars 1814, Joseph Buonaparte ordonna de briser l'épée du grand Frédéric, de brûler les drapeaux, fruits des victoires des Français. Un pareil ordre est une lâcheté insigne.

L'Esplanade des Invalides. Ce vaste terrain qui fait face à l'hôtel des Invalides, et qui conduit jusqu'au bord de la rivière, a été cultivé avec succès depuis la révolution ; il est orné de belles allées d'arbres, avec quatre carrés de verdures.

On voit au milieu de l'esplanade une fontaine qui a douze mètres (six toises) de hauteur ; et au-dessus le superbe lion de Saint-Marc, qui a été rapporté de Venise, d'après les conquêtes de Buonaparte.

Ce lion est de bronze, il est curieux par sa structure extraordinaire.

En 1793, la Convention nationale avait fait construire autour de l'esplanade des ateliers pour les armes, telles que fusils, pistolets, etc.

En 1794 la Convention nationale fit élever sur cette place une montagne ou rocher sur laquelle était une statue colossale représentant Hercule avec sa massue, foulant aux pieds le *Fédéralisme*. Au bas était un bourbier fangeux, dont on voyait sortir des crapauds ; et cela pour faire allusion aux membres de l'Assemblée nationale qu'on nommait les *Députés du Marais*, sur lesquels ceux de la *Montagne* prétendaient avoir remporté une grande victoire dans la trop fameuse journée du 31 mai. C'est le peintre David qui avait donné les dessins de la statue colossale et du rocher.

C'est sur l'esplanade des Invalides que Buonaparte fit établir des ateliers pour la construction des bateaux destinés à la prétendue expédition d'Angleterre.

C'est encore sur cette esplanade qu'on a placé, en 1806, les portiques pour l'exposition de l'industrie française, qui a duré deux mois.

École Militaire. Monument un peu au-dessus des Invalides, qui fut érigé en 1751 pour l'instruction de cinq cents enfans de gentilshommes sans fortune. L'architecture en est belle et noble. Buonaparté, protégé par M. de Marbœuf, fut placé à l'École-Militaire pour suivre son éducation sous le règne de Louis XVI.

Champ-de-Mars. Le Champ-de-Mars, en face de l'Ecole Militaire, est un terrain vaste et régulier, entouré de fossés revêtus en maçonnerie, et d'une terrasse en talus. Ce champ magnifique était destiné aux exercices militaires des élèves de l'ancienne Ecole Militaire, et aux revues du régiment des Gardes-Françaises.

Faits historiques sur le Champ-de-Mars.

C'est au Champ-de-Mars qu'en

1783 — 27 *août.* Première expérience aérostatique, par M. Charles, professeur de physique.

1784 — 2 *mars.* Expérience aérostatique, par M. Blanchard.

1789 — 9 *juillet.* Départ nocturne des trois régimens Suisses, trois de hussards et de dragons qui étaient casernés à l'Ecole Militaire.

1790 — Réunion de plus de soixante mille individus des deux sexes, de toutes les classes pour travailler à transporter des terres qui devaient former des talus dans le Champ-de-Mars et en faire le plus beau cirque qui existât au monde. Au milieu était un autel de la patrie ; on voyait transporter des terres et rouler des brouettes par des évêques, des cordons bleus, des présidens au parlement de Paris. Mais il s'agissait du pacte fédératif national et de recevoir le serment de fidélité de Louis XVI à la nouvelle constitution.

1790 — *15 juillet*. Serment de Louis XVI en présence de six cent mille citoyens, et des députés des gardes nationales de tous les départemens. Jamais cérémonie n'a présenté un coup d'œil aussi grand et aussi majestueux.

1790 — *25 octobre*. Cérémonie funèbre en l'honneur des citoyens qui avaient péri à Nancy lors de l'insurrection du régiment des Suisses de Château-Vieux, dont plusieurs furent pendus.

1791 — *17 juillet*. Réunion d'un grand nombre de citoyens dirigés par le club des Jacobins, à l'effet d'y signer sur l'autel de la patrie une pétition tendant à demander la déchéance de Louis XVI ou de le suspendre de ses fonctions, et de le juger sur son départ. Le corps municipal fit proclamer la loi martiale pour dissiper ce rassemblement : il y eut du sang de versé.

1792 — 14 *juillet*. Le roi s'y rend avec toute sa famille pour la fête de la fédération, et y est insulté par des étrangers.

C'était au Champ-de-Mars qu'on célébrait l'anniversaire de la journée du 10 août 1792.

1793 — 11 *novembre*. L'infortuné Bailly a été exécuté en face du Champ-de-Mars, près de la Seine. C'était un raffinement de cruauté que d'y avoir transporté l'échafaud, il fut dressé au milieu du Champ : on lui fit toutes sortes d'insultes le long du trajet..

1793 — 1er *janvier* (20 nivôse an 2). Fête à l'occasion de l'abolition de l'esclavage des nègres.

1793 — 8 *octobre*. Fête à l'occasion des soldats du régiment de Château-Vieux, qui les disculpait de l'insurrection du 25 octobre 1790, à Nancy.

1793 — 21 *décembre* (30 frimaire an 2).

Fête civique en l'honneur de Châlier, président du tribunal du district de Lyon, et condamné à mort dans cette ville.

1794 — 21 *janvier* (31 nivôse an 2). Fête à l'occasion de la reprise de Toulon sur les Anglais.

1794 — 8 *juin* (20 prairial). Fête dite de *l'Être Suprême*. La Convention nationale se rend en masse des Tuileries au Champ-de-Mars, ayant à sa tête son président Robespierre. On avait construit des rochers en forme de montagne ; au haut était une espèce de tour ; des escaliers avaient été pratiqués pour faciliter de monter à la cime de cette montagne. Les députés faisaient foule pour y arriver les premiers : heureusement que cette montagne n'était construite qu'avec des planches et de la boue, et que son règne ne pouvait durer long-temps.

1796 — 21 *janvier* (1er pluv. an 4). Jour de l'anniversaire de la mort de Louis XVI. Le Directoire exécutif s'y rendit en pompe avec toutes les autorités constituées pour prêter le serment de haine à la royauté sur l'autel de la patrie.

* 21.

Pont d'Iéna ou de l'École Militaire.

La Convention nationale et le Directoire avaient choisi ce terrain pour célébrer les fêtes républicaines, et les victoires nationales. On a vu, pendant les années 1793, 94 et 95, un niveau placé à l'entrée du Champ-de-Mars, qui représentait l'*égalité* parmi les citoyens. Le Directoire fit disparaître, dans la deuxième année de son règne, ce niveau de l'égalité.

1804 — *10 novembre* (18 brumaire an 13). Napoléon Buonaparte, après avoir été couronné Empereur des Français, s'y est rendu, pour recevoir le serment de fidélité des départemens et des députations de tous les corps d'armées.

Pont d'Iéna ou de l'École Militaire, en face du Champ-de-Mars, communique au quai de Billy; il fut commencé en 1806 sur les dessins de Lamandé : il est composé de cinq arches; le décret de Buonaparte porte. « Les statues équestres de quatre généraux morts seront placées des deux côtés de chacune des entrées du pont. Ces statues en auront chacune quatre mètres et demi, et s'élèveront sur des piédestaux de même hauteur : la rue à ouvrir en face du pont, depuis le quai jusqu'à l'enceinte de Paris, et les rues projetées dans son voisinage, porteront les noms des colonels *Houdart-Lamotte*, *Barbenègre*, *Marigny*, et *d'Alembourg*, tués dans la journée d'Iéna. Ce pont est presque achevé.

Le Gros-Caillou. En sortant de l'Hôtel royal des Invalides, et suivant l'esplanade qui conduit au bord de la rivière, on rencontre à gauche le lieu nommé le *Gros-Caillou*. Des historiens anciens prétendent qu'il tire son nom d'un caillou d'une grosseur énorme, qui servait d'enseigne à une maison publique de débauche. On ne parvint à le détruire qu'avec de la poudre. L'on ajoute que l'église occupe la place où était cet énorme caillou.

Ce quartier est extraordinairement peuplé; il y a beaucoup de blanchisseuses.

Un décret de Buonaparte ordonna de construire un palais pour les Archives et un pour l'Université, le long de la rivière, depuis les Invalides, sur le terrain de l'ancienne île des Cygnes, et dont la dépense devait se monter à 28 millions. Les premières pierres en furent posées le 15 août 1812.

On voit au Gros-Caillou une manufacture considérable de tabac; la buanderie et la boucherie des Invalides, établissemens curieux.

On a construit une fontaine proche la caserne ci-devant des Gardes-Françaises.

Pompe à feu, au Gros-Caillou, que les frères Perrier ont fait construire sur le bord de l'eau, est composée d'un corps de bâtiment décoré d'arcades ornées de refends. Il contient deux machines à feu qui fournissent chacune 200 pouces d'eau, ou 14,000 muids en vingt-quatre heures. Elles distribuent l'eau aux Invalides, à l'École militaire, ainsi qu'aux maisons du Gros-Caillou et du faubourg Saint-Germain.

Triperie. C'est derrière les pompes à feu, au Gros-Caillou, qu'on voit l'établissement où se fait la préparation et la cuisson des abattis de bœufs, vaches et moutons, des bestiaux tués dans les boucheries de Paris. Tous ces abattis rentrent dans Paris, sont distribués aux marchandes qui font ce commerce, et sont servis sur toutes les tables, même celles des restaurateurs élégans.

Beaucoup de personnes vont prendre des bains dans l'eau qui a servi aux cuissons des abattis, comme un remède contre les maladies de nerfs.

Plaine de Grenelle.

Hôpital Militaire. L'on doit au maréchal de Biron l'établissement de cet hôpital, qu'il fit construire, en 1765, pour les Gardes-Françaises. Il est vaste et commode, et situé en bon air.

On remarque à la suite de cet hôpital une jolie maison, avec un beau jardin, qui a appartenu à M. Larive, acteur des Français.

Plaine de Grenelle. En sortant de l'École militaire, à gauche, vous voyez la plaine de Grenelle, où était le moulin à poudre qui a été incendié le 31 août 1794. La commotion s'est fait sentir à 15 lieues de Paris; beaucoup de personnes ont péri.

C'est dans cette plaine que l'on fait les exécutions militaires. Combien de victimes de la tyrannie de Buonoparte ont terminé leur carrière dans cette plaine !

Le dernier ministre de la police pourrait seul en donner la liste.

Le général et courageux Mallet, ainsi que ses compagnons d'infortune ont été fusillés dans la plaine de Grenelle; Mallet, plus brave que ceux qui l'ont envoyé à la mort, pour avoir voulu débarrasser les Français du tyran Buonaparte, n'a pas souffert qu'on lui bande les yeux. Il répondit le long de la route de la prison de l'Abbaye à la plaine de Grenelle à une populace payée par la police, qui criait, *vive l'Empereur* : Oui, oui, criez *vive l'Empereur; vous ne serez heureux que lorsqu'il n'existera plus.* Il déclara dans son interrogatoire, que l'existence de Buonaparte était un fléau pour l'humanité; qu'il s'énorgueillissait d'avoir tenté de le renverser, et faisait des vœux pour le rétablissement des Bourbons : qu'il était convaincu que les Français lui érigeraient des statues après sa mort, et que Buonaparte ne règnerait pas encore deux ans; il était alors à Moscou.

Le château de la plaine de Grenelle, qui ne se faisait remarquer que par sa position, avait haute, moyenne et basse justice, relevant de l'abbaye de Sainte-Geneviève; les maisons qui en dépendaient étaient de la paroisse Saint-Etienne-du-Mont.

FIN DU PREMIER VOLUME.

DICTIONNAIRE

DES

ARRONDISSEMENS MUNICIPAUX,

Barrières, Boulevards, Carrefours, Cloîtres, Culs-de-sacs, Enclos, Faubourgs, Marchés, Passages, Places, Quais et Rues de Paris.

DICTIONNAIRE
DES
ARRONDISSEMENS MUNICIPAUX,

Barrières, Boulevards, Carrefours, Cloîtres, Culs-de-Sacs, Enclos, Faubourgs, Marchés, Passages, Places, Quais et Rues de Paris.

MAIRIES, OU ARRONDISSEMENS MUNICIPAUX.

Arrondissemens :
- 1er rue d'Aguesseau.
- 2e rue d'Antin.
- 3e aux Petits-Pères.
- 4e place de Chevalier-du-Guet.
- 5e rue de Bondy.
- 6e Abbaye Saint-Martin.
- 7e rue Sainte-Avoye.
- 8e place Royale, ci-devant des Vosges.
- 9e rue de Jouy.
- 10e rue de Verneuil.
- 11e rue du Vieux-Colombier.
- 12e rue du faubourg Saint-Jacques.

BARRIÈRES.

Barrières.	Situations.
A.	
Amandiers (des).	Rue des Amandiers-Popincourt.
Anne (sainte).	R. du faubourg Poissonnière.
Arcueil (d').	R. du faubourg S. Jacques.
Aunay (d').	R. S. André-Popincour.

Barrières.	Situations.
B.	
Belleville (de).	Rue du faubourg du Temple.
Bercy (de).	R. de Bercy, faubourg S. Antoine.
Blanche.	R. Blanche, près Montmartre.
Boyauterie (de la).	Quai des Bons-Hommes.
C.	
Cadet.	R. Coquenard.
Charenton (de)	R. de Charenton.
Charonne.	R. de Charonne.
Chartres (de)	Jardin de Mousseaux.
Chopinette (de la).	R. du Buisson S. Louis.
Clichy.	R. de Clychy.
Clignancourt.	*Voyez* Martyrs.
Combat du Taureau.	R. de l'Hospice S. Louis.
Courcelles (de)	R. de Chartres.
Couronnes (des)	R. des Trois Couronnes.
Croulebarbe (de).	Boulevard du Midi.
Cunette (de la).	Près le Champ-de-Mars.
D.	
Denis (Saint-).	R. du faubourg S. Denis.
E.	
Ecole Militaire.	Champ-de-Mars.
Enfer (d').	Rue d'Enfer.
F.	
Fourneaux (des).	R. des Fourneaux, près Vaugirard.
Franklin.	R. Neuve de Passy.
G.	
Garre (de la).	Quai de l'Hôpital.
Gobelins (des).	R. Mouffetard.
Grenelle.	Champ-de-Mars.
I.	
Ivry (d').	R. des Vignes, boulevard de l'Hôpital.
J.	
Jacques (S.)	*Voyez* Arcueil.
L.	
Long-Champ (de)	R. de Long-Champ, à Chaillot.
M.	
Maine (du).	Chaussée du Maine.
Mandé (Saint-).	Avenue de S. Mandé.

Barrières.	Situations.
Marengo.	Voyez Charenton.
Marie (Sainte-).	Enclos des dames Sainte-Marie.
Martin (St.)	Voyez Villette.
Martyrs (des).	R. du Champ-du-Repos.
Menil-Montant (de)	R. de Menil-Montant.
Ministres.	Voyez Grenelle.
Montmartre (de).	R. de Pigale.
Mont-Parnasse.	R. du Mont-Parnasse.
Mouceaux (de).	R. du Rocher.
Moulins (des deux).	Voyez Couronnes.
Montreuil (de).	R. de Montreuil.
Montrouge.	Voyez d'Enfer.
N.	
Neuilly (de).	Avenue de Neuilly.
O.	
Oursine (de l').	R. de la Glacière.
P.	
Pantin (de).	R. du Chemin de Pantin.
Paillassons (des).	R. des Paillassons.
Passy (de).	Quai des Bons-Hommes.
Picpus (de).	R. de Picpus.
Poissonnière.	R. du faubourg Poissonnière.
R.	
Ramponeau (de).	R. de l'Orillon.
Rapée (de la).	Quai de la Rapée.
Rats (des).	R. des Rats, à Popincourt.
Réservoirs (des).	R. des Réservoirs, à Chaillot.
Reuilly (de).	R. de Reuilly.
Riom (de).	R. de Lorillon.
Rochechouart.	R. de Rochechouart.
Roule (du).	R. du faubourg du Roule.
S.	
Santé (de la).	R. de la Santé.
T.	
Trône ou Vincennes	R. du faubourg S. Antoine.
V.	
Vaugirard.	R. de Vaugirard.
Vertus (des)	R. de Château-Landon.
Villette (de la).	R. du faubourg S. Martin.

BOULEVARDS.

Boulevards.	Tenans.	Aboutissans.
A.		
Antoine (Saint-).	R. Neuve S. Gilles.	Place de la Bastille.
B.		
Bourdon.	Quai Morland.	R. S. Antoine.
Bonne-Nouvelle.	Porte S. Denis.	R. Poissonnière.
C.		
Capucines (des).	R. et place Vendôm.	R. n. des Capucines.
Chaussée d'Antin.	R. de Provence.	R. du Mont-Blanc.
D.		
Denis (Saint-).	R. S. Martin.	R. S. Denis.
E.		
Enfer (d').	Barrière d'Enfer.	Boul. Mont.-Parn.
F.		
Filles du Calvaire.	R. Pont-aux-Choux.	R. des Filles du Calv.
G.		
Glacière (de la).	R. Croulebarbe.	R. de la Glacière.
Gobelins.	R. Croulebarbe.	Barr. des Gobelins.
H.		
Hôpital (de l').	Barr. des Gobelins.	Jardin des Plantes.
I.		
Italiens (des).	R. Grange-Batelière.	R. de Grammont.
Invalides (des).	R. de Sèvres.	R. de Grenelle.
J.		
Jacques (Saint-).	Barrière d'Enfer.	R. de la Santé.
M.		
Martin (Saint-).	Faub. du Temple.	R. S. Martin.
Montmartre.	Faub. Poissonnière.	Faub. Montmartre.
Mont-Parnasse.	R. d'Enfer.	R. de Vaugirard.
P.		
Panoramas (des).	R. de Richelieu.	R. Montmartre.
Païen.	Bar. de l'Hôpital.	R. S. Jacques.
Poissonnière.	Porte S. Denis.	R. Poissonnière.
Pont-aux-Choux.	R. Neuve S. Gilles.	R. Pont-aux-Choux.
S.		
Santé (de la).	R. de la Glacière.	R. de la Santé.
T.		
Temple (du).	R. des Filles Calv.	R. du Temple.

Boulevards.	Tenans.	Aboutissans.
Temple (de la Vict.)	R. Caumartin.	R. de la Concorde.
V.		
Vaugirard.	R. de Sèvres.	R. de Vaugirard.

CARREFOURS.

Carrefours.	Emplacemens.	
B.		
Batailles (des).	Grande rue Chaillot.	R. des Batailles.
Benoît (Saint-).	R. de l'Egout.	R. S. Benoît.
Bonne-Nouvelle.	R. Sainte-Barbe.	R. de la Lune.
Boucherat.	R. de Vendôme.	R. Charlot.
Bussy.	R. S. André-des-Arts	R. Mazarine.
Butte S. Roch.	R. des Moineaux.	R. de l'Evêque.
C.		
Cheminées (des 4).	R. d'Argenteuil.	R. des Frondeurs.
Cléry (de).	Boulevard S. Denis.	R. Beauregard.
Coutellerie (de la).	R. de la Vannerie.	R. de la Coutellerie.
Croix de Clamar.	R. de Poliveau.	R. Jard. des Plantes.
Croix du Traboir.	R. S. Honoré.	R. de l'Arbre-Sec.
Croix-Rouge.	R. du Four.	R. de Grenelle.
E.		
Echarpe (de l').	Place Royale.	R. S. Louis.
Etoile (de l').	R. de la Mortellerie.	R. du Figuier.
F.		
Filles du Calvaire.	Vieille r. du Temple.	R. Fille du Calvaire.
G.		
Gaillon.	R. Michaudière.	R. n. S. Augustin.
Gervais (de S.)	R. du Monceau.	Eglise S. Gervais.
Guilleri.	R. J.-Pain-Mollet.	R. du Mouton.
H.		
Hippolyte (Saint-)	R. des 3 Couronnes.	R. S. Pierre-Assis.
J.		
Jouy.	R. S. Antoine.	R. de Jouy.
L.		
Limace (de la).	R. des Bourdonnais.	R. S. Honoré.
M.		
Marc (Saint-).	R. Feydeau.	R. Montmartre.
Marché de l'Abbaye.	R. Ste-Marguerite.	R. de Bussy.
Médard (Saint-).	R. Censier.	R. de l'Oursine.

Carrefours.	Emplacemens.	
O.		
Odéon (de l').	Place de l'Odéon.	R. de Condé.
P.		
Papillon.	R. Papillon.	R. f. Poissonnière.
Petits-Pères.	R. du Mail.	R. N. D. d. Victoires.
Pitié (de la).	R. de Seine.	R. Copeau.
Pologne (de la).	R. de la Pépinière.	R. du Rocher.
Porte Bordet (de la)	R. de Fourcy.	R. Mouffetard.
R.		
Reuilly (de)	R. de Reuilly.	R. du f. S. Antoine.
S.		
Sartine.	R. Coquillière.	R. de Grenelle.
V.		
Varennes.	R. des Deux Ecus.	R. des Deux Ecus.
Vents (Quatre-).	R. de Condé.	R. Théâtre Français.
Victor.	R. des f. S. Bernard.	R des fos. S. Victor.
Ville-l'Evêque (de).	R. de la Ville-l'Evêq.	R. des Saussayes.

CLOITRES.

Cloîtres.	Emplacemens.	
A.		
Abbaye S. Martin.	En face l'Eglise.	R. S. Martin.
B.		
Benoît (Saint-).	R. S. Jacques.	R. des Mathurins.
Bernardins (des).	R. des Bernardins.	M. aux Veaux.
G.		
Germain (Saint-).	R. Childebert.	R. de la Poêle.
H.		
Honoré (Saint-).	R. des Bons-Enfans.	Cr.-des-P.-Champs.
J.		
Jac.-la-Boucherie.	R. des Ecrivains.	R. Pierre-au-Lard.
Jean-en-Grève (S.).	Der. l'Hôtel-de-Ville	R. du Pet-au-Diable.
Jean-de-Latran.	Place Cambray.	R. S. Jacques.
Julien-le-Pauv. (S.).	R. Galande.	R. Julien-le-Pauvre.
M.		
Marcel (Saint-).	R. Mouffetard.	Place S. Marcel.
Merry (Saint-).	R. S. Merry.	R. de la Verrerie.

Culs-de-Sacs.

Cloîtres.	Emplacemens.	
N.		
Nicolas-des-Champs	Pr. l'égl. S. Nicolas.	R. Aumaire.
Notre-Dame.	Pont de la Cité.	Place Fénélon.
O.		
Opportune (S.).	R. des Lavandières.	R. de la Tableterie.
T.		
Temple (du).	R. du Temple.	R. Courtalon.
Trinité (de la).	R. Grenetat.	R. S. Denis.

CULS-DE-SACS.

Culs-de-Sacs.	Emplacemens.
A.	
Amboise.	Rue Pavée de la place Maubert.
Anglais (des).	Près celle du Grenier-Saint-Lazare.
Argenson (d').	Vieille r. du Temple et du Roi de Sicile.
Argenteuil (d').	Rue Saint-Lazare.
Aumont (d').	Rue de la Mortellerie.
B.	
Babillards (des).	Rue Basse-Porte-Saint-Denis.
Bas-Four.	Rue Guérin-Boisseau.
Bastille (de la petite)	Rue des Fossés-Saint-Germain.
Batave.	Rue Quincampoix.
Beaudoirie (de la).	Rue Beaubourg.
Beandin.	Près la rue de l'Arcade.
Beaufort.	Rue Salle-au-Comte.
Benoît (S.)	Rue de la Tacherie.
Bernard (S.)	Près la rue du Faubourg Saint-Antoine.
Berthaud.	Rue Beaubourg.
Bizet.	Rue Saint-Lazare, près Tivoli.
Bœuf (du).	Rue Neuve Saint-Merry.
Bon Puits (du).	En face la rue du Bon-Puits.
Boule-Rouge (de la).	En face la rue Grange-Batelière.
Bouteille (de la).	Près la rue Tiquetonne.
Bouvart.	Rue du Mont-Saint-Hilaire.
Brasserie (de la).	Cour Saint-Guillaume.
Briare (de).	Rue Coquenard.
C.	
Cargaisons (des).	Marché-Neuf.

Culs-de-Sacs.	Emplacemens.
Catherine (Sainte-).	Près la rue Thevenot.
Calendrier (du).	Rue Basse-du-Rempart.
Charbonniers (des).	R. des Charbonniers, près celle Charenton
Chat-Blanc (du).	Rue Saint-Jacques-la-Boucherie.
Chevalier-du-Guet.	Place du Chevalier-du-Guet.
Claude (S.)	Près la rue S. Louis au Marais.
Clervaux (de).	Vis-à-vis la rue aux Ours
Conti.	Place Conti à la Monnaie.
Coquerelle.	Rue des Juifs.
Corderie (de la)	Rue Neuve S. Roch.
Court-Bâton (du).	Rue des Fossés S. Germain-l'Auxerrois.
Cour-des-Bœufs.	Rue des Sept-Voyes.
Couture S. Louis.	Rue S. Paul, près celle S. Antoine.
Coypel.	Rue du faubourg Montmartre.
Croix (Sainte-).	Rue des Billettes.
Croix-Faubin.	Rue de Charonne.

D.

Dandrelas.	Rue Mouffetard.
Dominique (S.)	Rue S. Dominique, près celle d'Enfer.
Doyenné (du).	Rue du Doyenné.

E.

Echiquier (de l').	Rue du Temple.
Egout (de l').	Rue du faubourg S. Martin.
Eloy (S.)	Rue S. Paul, près celle S. Pierre.
Empereur.	Rue S. Denis.
Etien.-du-Mont (S.)	Rue de la montagne Sainte-Geneviève.
Etoile (de l').	Rue S. Dominique au Gros-Caillou.
Etoile (de l').	Rue Thévenot.
Etuves (des)	Rue de Marivaux.
Eustache (S.)	Rue Montmartre.

F.

Faron (S.)	Rue de la Tixerandrie.
Fiacre (S.)	Rue S. Martin.
Filles-Dieu (des)	Rue Basse-Porte S. Denis.
Forg.-Royale (de la)	Rue du faubourg S. Antoine.
Fosses-aux-Chiens.	Rue des Bourdonnais.
Fourcy (de).	Rue de Jouy.
Frères (des Trois).	Rue Traversière.

Culs-de-Sacs.

Culs-de-Sacs.	Emplacemens.
G.	
Gourdes (des).	Ruelle du Tourniquet.
Grenelle (de).	Rue de Grenelle, au Gros-Caillou.
Grenetat.	Rue Grenetat, enclos de la Trinité.
Grosse-Tête (de la).	Rue S. Spire.
Guépine.	Rue de Jouy.
Guémené.	Rue S. Antoine.
Guichet (du).	Rue de la Chaumière.
H.	
Hautfort.	Rue des Bourguignons.
Heaumerie (de la).	Rue de la Haumerie.
Hospitalières (des).	Près la Place Royale.
J.	
Jardiniers (des).	Petite rue S. Pierre.
Jean-Beausire.	Rue Jean-Beausire.
Jérusalem (de)	Rue S. Christophe, parvis N.-D.
L.	
Landry (de).	Rue S. Landry.
Launay (de).	Rue de Charonne.
Laurent (S.)	Rue Basse-Porte S. Denis.
Lazare (S.)	Rue du faubourg S. Denis.
Longue-Avoine (de)	Rue des fossés S. Jacques.
Louis (S.)	Rue de Carême-Prenant.
Louis (S.)	Rue S. Paul.
M.	
Magloire (S.)	Rue S. Magloire.
Marais-Rouges (des)	Rue des Récollets.
Marché-aux-Chev.	Rue du Cendrier.
Marine (Sainte-).	Rue S. Pierre-aux-Bœufs.
Martial (S.)	Rue S. Eloy.
Matignon.	Rue des Orties.
Mauconseil.	Rue Saint-Denis.
Michel (du grand S.)	Rue du faubourg S. Martin.
Miracles (des).	Rue du Caire.
Monnaie (de la).	*Voyez* Conti.
Mont-Parnasse (du).	Rue du Mont-Parnasse.
Montabord (du).	Rue Castiglione.
Morlaix.	Rue du faubourg S. Martin.
Mortagne (de).	Rue de Charonne.

Culs-de-Sacs.	Emplacemens.
N.	
Nevers (de).	Rue d'Anjou-Dauphine.
Nicolas (S.)	Marché S. Martin.
O.	
Opportune (Sainte-)	Rue de l'Aiguillerie.
P.	
Paon (du).	Rue du Paon.
Pecquay.	Rue des Blancs-Manteaux.
Pierre (S.)	Rue S. Pierre.
Pierre (S.)	Rue Montmartre.
Planchette (de la).	Porte S. Martin, rue de ce nom.
Poissonnière.	Rue Jarente.
Pompe (de la).	Rue de Bondy.
Pont-aux-Biches.	Rue Neuve S. Martin.
Porte-aux-Peintres.	Rue S. Denis.
Prêtres S. Nic. (des).	Rue S. Martin.
Provençaux (des).	Rue de l'Arbre-Sec.
Puits de Rome (du).	Rue Frépillon.
Putigneux.	Rue Geoffroy-Lannier.
R.	
Réservoirs (des).	Grande rue de Chaillot.
Reuilly (de).	Petite rue de Reuilly.
Rochechouart.	Rue Rochechouart.
Rohan (la cour de).	Rue du Jardinet.
Rôlin Prend-Gages.	Rue des Lavandières.
Roquette (de la).	Rue de la Roquette.
Rue Projetée (de la).	Rue Neuve des Mathurins.
S.	
Salembrière.	Rue S. Severin.
Sébastien (S.)	Rue S. Sébastien.
Sœurs (des).	Près le Cloître S. Marcel.
Sourdis (de).	Rue des Fossés S. Germain-l'Auxerrois
T.	
Treille (de la).	Rue Chilpéric.
Tuileries (des vieil.)	Rue des Vieilles Tuileries.
V.	
Venise (de).	Rue Quincampoix.
Vents (des Quatre-).	Rue des Quatre-Vents.
Vert-Buisson.	Rue de l'Université.

Enclos et Faubourgs.

Enclos.	Emplacemens.
Versailles (de)	Rue Traversine.
Vignes (des).	Rue des Postes.
Visages (des Trois).	Rue Thibautodé.

ENCLOS.

Enclos.	Emplacemens.
A.	
Ab. S. Martin (de l')	Rue S. Martin, près celle Grenetat.
B.	
Benoît (S.)	Rue S. Jacques et des Mathurins.
F.	
Foire S. Germain.	Rue des Quatre-Vents.
Foire S. Laurent.	Faubourg S. Denis et faubourg S. Martin.
J.	
Jean-de-Latran (S.)	Place Cambray, en face le collége de Fr.
L.	
Lazare (de S.)	Faubourg S. Denis.
T.	
Temple (du).	Rue du Temple.
Trinité (de la).	Rue Grenetat et S. Denis.

FAUFOURGS.

Faubourgs.	Ténans.	Aboutissans.
A.		
Antoine (S.)	Farrière du Trône.	Place de la Bastille.
D.		
Denis (S.)	Barrière de ce nom.	Porte S. Denis.
G.		
Germain (S.)	Entre Luxembourg.	Les Invalides.
H.		
Honoré (S.)	Faubourg du Roule.	R. de la Madeleine.
J.		
Jacques (S.)	Barrière d'Arceuil.	R. S. Hyacinthe.
M.		
Martin (S.)	Barrière la Villette.	Porte S. Martin.
Montmartre.	Rue S. Lazare.	Boul. Montmartre.
P.		
Poissonnière.	Rue de Paradis.	Boul. Poissonnière.

Marchés.

Faubourgs.	Tenans.	Aboutissans.
R.		
Roule (du).	R. du f. S. Honoré.	Barrière du Roule.
T.		
Temple (du).	R. de Belleville.	Boulev. du Temple

MARCHÉS.

Marchés.	Emplacemens.
A.	
Ab. S. G. des Prés.	Rue du Four.
Aguesseau (d').	Rue du faubourg S. Honoré.
Antoine (S.)	Rue du faubourg S. Antoine.
Apport-Paris.	Rue S. Denis, place du Gr.-Châtelet.
B.	
Blanche-de-Castille.	Rue Blanche-de-Castille.
Boulainvilliers.	Rues du Bac et de Lille.
C.	
Catherine (Sainte-).	Rue Culture Sainte-Catherine.
Chevaux (aux).	Rue de Poliveaux.
E.	
Enfans-Rouges (des)	Rue de Bretagne.
F.	
Fourrages (aux).	Rues d'Enfer, S. Antoine et S. Martin.
J.	
Jacobins (des).	Rue S. Honoré.
Jacq.-la-Bouch. (S.)	Rues des Écrivains et des Arcis.
Jacq. (pet. marc. S.)	Rue S. Jacques, près le Panthéon.
Jean (S.)	Place Beaudoyer.
I.	
Innocens (des).	Rue S. Denis.
M.	
Martin. (S.)	Rue Frépillon.
Marée.	Rue de la Fromagerie.
N.	
Neuf ou Palu.	Entre le pont S. Michel et le parv. N.-D.
P.	
Patriarches (des)	Rue Mouffetard.
Pl. Maubert (de la)	Rue des Noyers.

Passages.

Marchés.	Emplacemens.
Pointe S. Eustache.	Rue Montmartre.
Poirées (aux).	Rue du Marché aux Poirées.
Poissons (aux).	Rue de la Cossonnerie.
Porte S. Honoré.	Rue S. Honoré.
Porte S. Martin.	Carré et porte S. Martin.
Porte S. Denis.	Carré et porte S. Denis.
R.	
R. de Fourcy (de la).	Rue Bordet et rue Mouffetard.
R. de Sèvres (de la).	En face l'hospice des Incurables.
T.	
Temple (du).	Enclos du Temple.
V.	
Valée (de la).	Quai des Augustins.
Veaux (aux)	Rue de Poissy.

PASSAGES.

Passages.	Tenans.	Aboutissans.
A.		
Abbaye S. Martin.	Cloître S. Martin.	Cour S. Martin.
Acad. de Vandeuil.	R. Vieux-Colombier	Place S. Sulpice.
Aligre (d').	R. Bailleul.	R. S. Honoré.
Ancre-Royale (de l').	R. S. Martin.	R. Bourg-l'Abbé.
Antoine (Petit S.)	R. S. Antoine.	R. du Roi de Sicile.
Arche S. Pierre.	R. de la Tacherie.	R. des Arcis.
B.		
Bailly.	R. Bailly.	R. Aumairé.
Barnabites (des).	R. de la Calandre.	Palais de Justice.
Bastille (de la).	Cour de la Bastille.	Place de la Bastille.
Beaufort.	Cul-de-sac Beaufort.	R. Quincampoix.
Beauvilliers.	R. de Richelieu.	R. Montpensier.
Benoist (S.)	Pl. de l'Abbaye S. G.	R. S. Benoît.
Benoist (S.)	R. S. Jacques.	R. de Sorbonne.
Bernardins (des).	Marché aux Veaux.	R. des Bernardins.
Billard (du).	R. de la Calandre.	Marché-Neuf.
Bois-de-Boulogne.	R. du f. S. Denis.	R. Neuve-d'Orléans.
Bonne-Foy.	R. des Filles-Dieu.	Place du Caire.
Bons-Enfans (des).	R. de Valois.	R. des Bons-Enfans.
Boucheries (petites).	Pl. Sainte-Marguer.	R. N. de l'Abbaye.
Boule-Rouge (de la).	R. Richer.	R. faub.-Montmart.

Passages.

C.

Passages.	Tenans.	Aboutissans.
Café de Foi (du).	R. de Richelieu.	R. Montpensier.
Caire (du).	R. S. Denis.	Place du Caire.
Cendrier (du).	R. Neuve des Math.	R. Basse du Ramp.
Cerf (du Grand-).	R. du Ponceau.	R. S. Denis.
Cerf (anc. Grand-).	R. des Deux-Portes.	R. S. Denis.
Chaise (de la Petite).	R. S. Jac.-la-Bouch.	R. Planche-Mibray.
Chantier de l'Écu.	R. Neuve des Math.	R. Bas.-du-Rempart
Chantier de Tivoli.	R. S. Lazare.	R. S. Nicolas.
Chariot d'Or.	R. Grenetat.	R. Grand-Hurleur.
Charnier des Innoc.	R. de la Lingerie.	R. S. Denis.
Chartreux (des).	R. de la Tonnellerie.	R. Traînée.
Cholets (des).	R. des Cholets.	R. S. Jacques.
Cirque (du).	R. de Mont-Thabor.	R. S. Honoré.
Cloître S. Honoré.	R. Cr. d. P. Champs.	R. des Bons-Enfans.
Clos S. Jac.-l'Hôpit.	R. Mauconseil.	R. du Cygne.
Clos-Payen (du).	Boul. de la Glacière.	R. Petits-Champs.
Cluny (de).	Place Sorbonne.	R. de la Harpe.
Comédie (de la).	R. de Richelieu.	R. S. Honoré.
Commerce (du).	C. d. s. Puits de Rom	R. Phelippeaux.
Cour Batave.	Cul-de-sac Batave.	R. S. Denis.
—des Coches.	R. de Surennes.	R. faub. S. Honoré.
—du Commerce.	R. École de Médec.	R. André-des-Arts.
—des Cloches.	R. des Fossoyeurs.	R. Férou.
—du Dragon.	R. du Dragon.	R. S. Benoît.
—des Fontaines.	R. de Valois.	R. Montesquieu.
—S. Guillaume.	R. Traversière.	R. de Richelieu.
—de François 1er.	R. du Ponceau.	R. S. Denis.
—de Lamoignon.	R. de Harlay.	Quai de l'Horloge.
—des Miracles.	C.-de-sac J.-Bausire.	R. des Tournelles.
—des Miracles.	C.-de-sac de l'Étoile.	R. de Damiette.
—de Rohan.	Cour du Commerce.	R. du Jardinet.
—du Puits de Rom.	C.-de-sac de ce nom.	R. des Gravilliers.
—Tricot (du).	R. Montmartre.	R. de la Jussienne.
Couronne (de la)	R. Tire-Chappe.	R. des Bourdonnais.
C.-de-sac de la Fosse aux Chiens.		R. Tire-Chappe.
C.-de-sac de Jérusal.	R. S. Christophe.	R. de Jérusalem.
C.-de-sac Ste-Marine	R. Neuve-Notre-D.	R. S. Christophe.

Passages.

Passages.	Tenans.	Aboutissans.
D.		
Dames S. Chaum.	R. du Ponceau.	R. S. Denis.
Dames S. Gervais.	R. Franc-Bourgeois.	L. des Rosiers.
Denis.	Passage du Caire.	R. du Caire.
Desir (du).	R. Faub. S. Martin.	R. Faub. S. Denis.
E.		
Ecuries (des Petites)	R. Faub. S. Denis.	R. Petites-Ecuries.
Ecur. de Chartres.	R. S. Thomas-du-L.	Place du Carousel.
Etoile (de l').	C.-de-sac de l'Etoile.	R. du Petit-Carreau.
F.		
Feydeau.	R. Filles-S.-Thomas	R. Feydeau.
Frépillon (de la rue).	Pass. du Commerce.	R. Frépillon.
G.		
Geneviève (Sainte-).	R. Vieille-Estrapade	Carré Sainte-Genev.
Genty.	Quai de la Rapée.	R. de Bercy.
Germain-le-Vieux.	R. du Marché-Neuf.	R. de la Calandre.
H.		
Halle à la Viande.	R. de la Fromagerie.	R. de la Tonnellerie.
Hôtel Charost (de l').	R. Vieux-Augustins.	R. Montmartre.
Hôtel des Fermes.	R. Coquillière.	R. de Grenelle S. H.
Hôtel Tanchoux.	R. de la Calandre.	Marché-Neuf.
I.		
Innocens (des).	R. S. Denis.	R. de la Lingerie.
J.		
Jacq.-la-Boucherie.	Marché de ce nom.	R. S. J.-la-Boucherie
Jacobins (des).	R. de la Harpe.	R. S. Jacques.
Jean-de-Latran. (S)	R. S. Jean-de-Beauv.	Place Cambray.
Jeu-de-Paume (du).	R. de Vendôme.	Boulev. du Temple.
Jeu-de-Paume (du).	R. Mazarine.	R. de Seine.
L.		
Le Moine.	Pass. Longue-Allée.	R. S. Denis.
Longue-Allée.	R. Neuve S. Denis.	R. du Ponceau.
Lesdiguières.	R. de la Cerisaye.	R. S. Antoine.
M.		
Madeleine.	R. de la Licorne.	R. de la Juiverie.
Manège (du).	R. de Vaugirard.	R. Vieilles-Tuileries
Marcel (S.)	Place S. Marcel.	R. Mouffetard.
Marguerite (Sainte-)	R. Sainte-Foy.	R. S. Denis.
Messageries (des).	R. Montmartre.	R. N. D. Victoires.

*b.

Passages.	Tenans.	Aboutissans.
Moineaux (des).	R. des Moineaux.	R. d'Argenteuil.
Molière (de).	R. S. Martin.	R. Quincampoix.
Mont-de-Piété (du).	R. de Paradis.	R. Blancs-Manteaux
Montesquieu.	R. Cr. des P.-Ch.	Rue Montesquieu.
Montpensier.	R. des Bons-Enfans.	R. Montesquieu.

N.

Noir.	R. des Bons-Enfans.	R. de Valois.

O.

Ouest (de l')	R. des Champs.	R. de l'Ouest.

P.

Panier-Fleury.	R. des Boucheries.	C. de sac des 4 Vents
Panoramas.	Boul. Montmartre.	R. S. Marc.
Paul (S.)	Passage S. Pierre.	R. S. Paul.
Petits-Pères (des).	R. N. D. Victoires.	R. des Petits-Pères
Péron (du).	Palais-Royal.	R. Vivienne.
Pierre (S.)	Passage S. Paul.	R. S. Antoine.
Pompe-à-feu (de la).	Grande rue de Chail.	Quai Billy.
Prix-Fixe (du).	Rue de Richelieu.	R. Quiberon.

Q.

Quinze-Vingts (des)	R. S. Honoré.	Petite rue S. Louis

R.

Radziwill.	R. de Valois.	R. n. d. B.-Enfans.
Reine-d'Hongrie.	R. Montorgueil.	R. Montmartre.
Réunion (de la).	Cul-de-Sac Anglais.	R. S. Martin.
Roch (S.)	R. d'Argenteuil.	R. S. Honoré.

S.

Saumon (du).	R. Montorgueil.	R. Montmartre.
Saulnier.	R. Bleue.	R. Richer.
Severin (S.)	Prêtres S. Severin.	R. Parcheminerie.
Soleil-d'Or (du).	R. du Rocher.	R. de la Pépinière.

T.

Treille (de la).	R. des Boucheries.	Marché S. Germain

V.

Variétés (des).	Palais-Royal.	R. S. Honoré.
Vigan.	R. du f. Montmartre.	R. des v. Augustins
Ville-l'Évêque.	R. de l'Arcade.	R. de Surenne.
Virginie (de).	Palais-Royal.	R. S. Honoré.

W.

Wasingthon (de).	R. du Champ-Fl.	R. du Chantre.

Passages.	Places. Tenans.	Aboutissans.
Z.		
Zacharie (de la rue).	R. S. Severin.	R. Zacharie.

PLACES.

Places.	Situations.
A.	
Abbatiale.	Près l'Abbaye S. Germain.
André-des-Arts (S.)	Rue S. André-des-Arts.
Angoulême.	Près la rue des Fossés du Temple.
Apport-Paris (de l').	Près la rue S. Denis et S. Jacq.-la-Bouch.
Ariane.	Grande et petite rue de la Truanderie.
B.	
Bastille (de la).	Entre le boulevard et la rue S. Antoine.
Beaudoyer.	Marché S. Jean.
Bauveau.	Rue des Saussayes et rue S. Honoré.
Biragues (des).	Rue S. Antoine.
Breteuil.	Avenue de Breteuil.
C.	
Cadet.	Rue Cadet et rue Bleu.
Caire (du).	Passage du Caire.
Cambray.	Rue S. Jacques.
Cardinal.	R. Neuve de l'Abbaye, r. du Colombier.
Carrousel.	Vis-à-vis les Tuileries.
Châtelet (du).	En face le Pont-au-Change.
Chevalier-du-Guet.	Près l'Apport-Paris.
Corps législatif (du).	Rue de l'Université.
Croix (Sainte-).	Rue de Joubert.
D.	
Dauphine.	Pont-Neuf.
E.	
Ecole (de l').	Près le Pont-Neuf.
Estrapade (de l').	Près Sainte-Geneviève.
F.	
Fontenoy.	Derrière l'Ecole Militaire.
Fidélité.	Près S. Laurent.
G.	
Gastine.	En face la rue des Lombards.
Germ.-l'Auxerr. (S.)	En face le Louvre.
Grève.	Au bout du quai Pelletier.

Places.	Situations.
H.	
Henri IV (de).	Le Pont-Neuf.
I.	
Invalides (des).	Esplanade des Invalides.
L.	
Louis XV.	Entre les Tuileries et les Champs-Elysées
M.	
Marcel (S.)	Emplacement de l'Eglise S. Marcel.
Marguerite (Sainte).	En face la rue des Boucheries.
Marguerite (Sainte).	Rue S. Bernard.
Maries (des Trois).	En face la Samaritaine.
Maubert.	Entre la rue S. Victor et la rue Galande
Michel (Saint-).	Près la rue S. Hyacinthe.
Montholon.	Rue Rochechouart.
O.	
Odéon.	En face le Théâtre.
P.	
Pal. des Beaux Arts.	En face le Palais des Arts.
Palais de Justice.	En face le Palais de ce nom.
Palais-Royal (du).	En face la rue S. Thomas-du-Louvre.
Parvis Notre-Dame.	Près l'Eglise.
Puits-l'Hermite (du)	Rue du Battoir, rue du Puits-l'Hermite
R.	
Rontonde (de la)	Enclos du Temple.
Royal.	Rue S. Antoine.
S.	
Sainte-Geneviève.	Rue S. Jacques.
Scipion.	Rue Fer-à-Moulin.
Sorbonne.	Rue de la Harpe.
Sulpice (S.)	En face le portail.
T.	
Temple (du).	Rue du Temple.
Trône (du).	Barrière de ce nom.
V.	
Vauban.	Derrière les Invalides.
Veaux (aux).	Quai des Miramionnes.
Vendôme.	Rue Saint Honoré.
Victoires (des).	Rue Neuve des Petits-Champs.

QUAIS.

Quais.	Tenans.	Aboutissans.
A.		
Alençon (d').	R. Blanche-Castille.	Pont Marie.
Anjou (d').	R. Blanche-Castille.	Pont Marie.
Augustins (des).	R. Gît-le-Cœur.	Pont-Neuf.
B.		
Bernard (S.)	Pont d'Austerlitz.	Fossés S.-Bernard.
Béthune.	R. Blanche-Castille.	Pont de la Tournelle.
Billy (de).	Pl. de la Conférence	R. des Bons-Homm.
Bons-Hommes (des)	B. des Bons-Homm.	Barrière de Passy.
C.		
Catinat.	Pal. de l'Archevêc.	Pont de la Cité.
Célestins (des).	Pont Grammont.	R. S.-Paul.
Cité (de la).	Pont Notre-Dame.	Pont de la Cité.
Conférence (de la).	Pl. Louis XV.	Pl. de la Conférence
Conti.	Pont-Neuf.	Palais des Arts.
E.		
École (de l').	Pont-Neuf.	Quai du Louvre.
F.		
Fleurs (aux).	Pont Notre-Dame.	Pont au Change.
G.		
Galeries du Louvre.	Pont des Tuileries.	Pont des Arts.
Gèvres.	Pont Notre-Dame.	Pont au Change.
Grève (de la).	R. Geofroy-Lasnier	de l'Hôtel-de-Ville.
H.		
Hôpital (de l').	Barrière de la Garre	Jardin des Plantes.
Horloge (de l').	Pont au Change.	Pl. du Pont-Neuf.
L.		
Louvre (du).	Quai de l'École.	Rue d'Angiviliers.
M.		
Malaquais.	R. de Seine.	R. des SS.-Pères.
Mégisserie (de la)	Pont au Change.	Pont-Neuf.
Miramionnes (des).	R. de Bièvre.	P. de la Tournelle.
Morland.	Pont d'Austerlitz.	P. de Grammont.
O.		
Orfèvres (de).	R. S.-Louis.	Pl. du Pont-Neuf.
Orléans (d').	Pont de la Tournelle	Pont de la Cité.

Quais.	Tenans.	Aboutissans.
Ormes (des).	R. de l'Étoile.	R. Geofroy-Lasnie
Orsay (d').	Pont Royal.	Les Invalides.
P.		
Paul (S.)	R. de l'Étoile.	R. S. Paul.
Pelletier.	Pont Notre-Dame.	Place de Grève.
R.		
Rapée (de la).	Barrière de la Rapée	Pont d'Austerlitz.
T.		
Tuileries (des).	Place Louis XV.	Pont Royal.
Tournelle (de la)	Fossés S.-Bernard.	R. de Sartine.
V.		
Voltaire.	R. des SS.-Pères.	R. du Bacq.

RUES.

Rues.	Tenans.	Aboutissans.
A.		
Aboukir.	R. S. Denis.	R. du Petit-Carreau.
Abbaye (de l').	R. Ste. Marguerite.	R. de Bussy.
Abbaye (neuve de l')	R. Ste. Marguerite.	R. Bonaparte.
Abreuvoir (de l').	La rivière.	R. Bourdaloue.
Acacias (des).	R. Plumet.	R. de Sèvres.
Acacias (p. r. des).	Place Breteuil.	Boul. des Invalides.
Aguesseau (d').	R. de Surennes.	Faub. S.-Honoré.
Aiguillerie (de l').	Place Gastine.	Clot. S.-Opportune.
Alexandre (S.).	R. Grénetat.	Enclos de la Trinité.
Aligre (d').	Marché S.-Antoine.	R. de Charenton.
Amandiers (des).	Bar. des Amandiers.	R. de Popincourt.
Amandiers (des).	M. Ste.-Geneviève.	R. des Sept-Voies.
Amboise (d').	R. de Richelieu.	R. Favart.
Ambroise (S.).	R. S.-Maur.	R. de Popincourt.
Amelot.	Place S.-Antoine.	R. S.-Sébastien.
Anastase (S.).	R. S. Louis.	R. de Thorigny.
Anastase (neuve S.).	R. S.-Paul.	R. Prêtres-S.-Paul.
André (S.).	Barr. d'Aunay.	R. Folie-Regnault.
André-des-Arcs (S.)	Pont S.-Michel.	R. de Bussy.
Anges (des Deux-).	R. S.-Benoît.	R. Jacob.
Angivilliers (d').	R. des Poulies.	R. de l'Oratoire.
Anglade (de l')	R. Traversière.	R. de l'Évêque.
Anglais (des).	R. des Noyers.	R. Galande.

Rues.	Tenans.	Aboutissans.
Angoulême (d').	R. Folie-Méricourt.	Boulev. du Temple.
Angoulême (d').	R. Faub. du Roule.	Avenue de Neuilly.
Anjou (d').	R. de Nevers.	Rue Dauphine.
Anjou (d').	R. Grand-Chantier.	R. d'Orléans.
Anjou (d').	R. Pépinière.	R. S.-Honoré.
Anne (Ste.).	Barr. Poissonnière.	R. de Paradis.
Anne (Ste.).	Cour Ste.-Chapelle.	R. S.-Louis.
Anne (Ste.)	R. de Langlade.	R. Neuve S. Augus.
Antin (d').	R. n. S.-Augustin.	R. n. des P. Champs
Antoine S.).	Place de la Bastille.	Place Baudoyer.
Antoine (Faub. S.).	Barr. de Vincennes.	Place de la Bastille.
Appoline (Ste.)	R. S.-Martin.	R. S.-Denis.
Arbalètre (de l').	R. Mouffetard.	R. des Charboniers.
Arbre-Sec (de l').	R. S.-Honoré.	Place de l'École.
Arcade (de l').	R. S.-Lazare.	R. de la Madeleine.
Arche-Marion.	R. S.-G. l'Auxerr.	Q. de la Mégisserie.
Arche-Pepin.	La rivière.	R. S.-G.-l'Auxerr.
Arcis (des)	R. de la Verrerie.	R. S.-Jac.-la-Bouch.
Argenteuil (d')	R. Neuve St. Roch.	R. des Frondeurs.
Arras (d').	R. Clopin.	R. S. Victor.
Artois (d').	R. de Provence.	Boulev. Italien.
Arcole (d').	Voyez Beaujolois.	
Arts (des).	R. Grénetat.	Enclos de la Trinité.
Assas (d').	R. de Vaugirard.	R. du Cherc.-Midi.
Astorg. (d').	R. de la Pépinière.	R. de la Ville-l'Evêq.
Aubry-le-Boucher.	R. S. Martin.	R. S. Denis.
Audriettes (des).	R. de la Mortellerie.	Quai de la Grève.
Audriettes (vieilles).	R. Grand-Chantier.	R. du Temple.
Augustins (des gr.).	R. S. André-des-Ar.	Quai des Augustins.
Augustins (des pet.)	R. du Colombier.	Quai Malaquais.
Augustins (vieux).	R. Coquillière.	R. Montmartre.
Augustin (neuve S.)	R. de Richelieu.	R. de la pl. Vendôme
Aumaire.	R. Frépillon.	R. S. Martin.
Austerlitz.	La Seine.	Les Invalides.
Aval (d').	R. de la Roquette.	R. Amelot.
Aveugles (des).	R. Garancière.	Place S. Sulpice.
Avignon (d').	R. de la Savonnerie.	R. S. Denis.
Avoye (Ste.)	R. du Temple.	R. Ste. Cr.-la-Bret.

B.

Rues.	Tenans.	Aboutissans.
Babille.	R. de Viarmes.	R. des Deux-Ecus
Babylone.	R. du Bacq.	Boul. des Invalides
Babylone (n. de).	Avenue de Villars.	Place Fontenoy.
Bacq (du).	R. de Sèvres.	Quai Bonaparte.
Bacq (du petit).	R. Vieill.-Tuileries.	R. de Sèvres.
Bagneux (de).	R. de Vaugirard.	R. Petit-Vaugirard
Baillet.	R. de la Monnaie.	R. de l'Arbre-Sec
Bailleul.	R. de l'Arbre-Sec.	R. des Poulies.
Baillif.	R. C. des P.-Champs	R. des Bons-Enfans
Bailly.	R. derr. S. Nicolas.	Marché S. Martin
Ballets (des).	R. du Roi de Sicile.	R. S. Antoine.
Banquier (du).	Rue Mouffetard.	R. du M. aux Chevaux
Banquier (du petit).	Boul. de l'Hôpital.	R. du Banquier.
Barbe (Ste.)	Bou. Bonne-Nouv.	R. Beauregard.
Barbette.	R. des 3 Pavillons.	Vieille r. du Temple
Bar-du-Bec.	R. S. Merry.	R. de la Verrerie.
Barillerie (de la).	Pont-au-Change.	Pont S. Michel.
Barouillière.	R. Petit-Vaugirard.	R. de Sèvres.
Barres (des).	Place Baudoyer.	Quai de la Grève.
Barres (des).	R. S. Paul.	R. du Fauconnier
Barthélemy (S.)	Pont-au-Change.	Pl. du Pal. de Jus.
Basfroid (de).	R. de Charonne.	R. de la Roquette
Basse Port. S.-Denis	Porte S. Denis.	R. d'Hauteville.
Basseville.	Cour Lamoignon.	Cour n. du Palais
Batailles (des).	R. de Long-Champ.	Ruelle Ste. Marie
Batave.	R. S. Honoré.	R. Marc. ou Rob.
Battoir (du).	R. Haute-Feuille.	R. de l'Éperon.
Battoir (du).	P. du Puits-l'Herm.	R. Copeau.
Beaubourg.	R. Mich.-le-Comte.	Rue Maubuée.
Bauce (de).	R. de la Corderie.	R. d'Anjou.
Beauharnais (de).	R. des Amandiers.	R. S. Ambroise.
Beaujolais.	R. de Valois.	R. Montpensier.
Beaujolais.	R. Batave.	R. de Malte.
Beaune.	R. de l'Université.	Quai Voltaire.
Beauregard.	R. de Cléry.	Rue Poissonnière
Beaurepaire.	R. des Deux-Portes	Rue Montorgueil
Beautreillis.	R. S. Antoine.	R. Neuve St. Paul
Beauveau.	R. de Charenton.	Marché S. Antoine

Rues.	Tenans.	Aboutissans.
Bellechasse (de).	R. de Grenelle.	Quai d'Orsay.
Bellefond (de).	R. Faub.-Poissonn.	R. Rochechouart.
Benoît (S.)	R. S. Vannes.	R. Royale.
Benoît (S.)	R. Taranne.	R. Jacob.
Bercy (de).	Vieille r. du Temple	Marché S. Jean.
Bercy (de).	Barrière de Bercy.	R. des Contrescarp.
Bergère.	R. Poissonnière.	Faub. Montmartre.
Bernard (S.)	Rue de Charonne.	Faub. S. Antoine.
Bernardins (les).	R. S. Victor.	R. de la Tournelle.
Berry (de).	R. de Bretagne.	R. de Poitou.
Berry (neuve de).	R. Faub. du Roule.	Avenue de Neuilly.
Bertin-Poirée.	R. des Deux-Boules	R. S. G.-l'Auxerr.
Bétizy.	R. des Bourdonnais.	R. de le Monnaie.
Beurrière.	R. V.-Colombier.	R. du Four.
Bibliothèque (de la).	R. S. Honoré.	Place Marengo.
Bienfaisance (de la).	Bar. de Mousseaux.	R. du Rocher.
Bièvre (de).	R. S. Victor.	R. des Gr.-Degrés.
Bigot.	R. de Babylone.	R. Plumet.
Billettes (des).	R. de la Verrerie.	R. Ste. Cr.-la-Bret.
Biron (de).	R. de la Santé.	Faub. St. Jacques.
Bissy.	Carref. S. Germain.	M. de l'Abb. S.-G.
Blanche.	Barrière Blanche.	R. S. Lazare.
Blanche de Castille.	Quai Béthune.	Pont de la Cité.
Blancs-Mant. (des).	Vieille r. du Temple.	R. S. Avoye.
Bléne.	Faub. Poissonnière.	R. Cadet.
Bon (S.)	R. de Verrerie.	R. Jean-Pain-Molet.
Bonne-Nouvelle.	V. N. D. de B.-N.	
Bon-Conseil.	R. S. Denis.	R. Montorgueil.
Bondy (de).	R. Neuv. S. Nicolas.	Porte S. Martin.
Bons-Enfans.	R. Baillif.	R. S. Honoré.
Bons-Enfans (neuv.)	R. n. des P.-Champs	R. Baillif.
Bon-Puits (du).	R. Traversine.	R. S. Victor.
Bordet.	R. de Fourcy.	R. Mont. S. Genev.
Bornes (des Trois-)	R. S. Maur.	R. de la Fol.-Méric.
Bossuet (de).	Pont de la Cité.	Place Fénélon.
Boucher.	R. Thibautodé.	Rue de la Monnaie.
Boucherat.	R. Charlot.	R. des Filles du Calv.
Boucherie (de la).	R. S. Dominique.	Quai d'Orsay.
Boucheries (des).	R. des Fossés S. G.	Pl. Ste. Marguerite.

c

Rues.	Tenans.	Aboutissans.
Boucheries (des).	R. de Richelieu.	Rue S. Honoré
Boucheries (des).	R. de la Chaumière.	R. n. de l'Abb
Bouclerie (de la v.)	R. de la Harpe.	Pont S. Michel.
Boudreau.	R. de Tradon.	R. de Caumarti
Boulangers (des).	R. des Foss. S. Vict.	R. S. Victor.
Boulets (des).	R. de Charonne.	R. de Montreui
Boules (des Deux-).	R. des Lavandières.	R. des Bourdon
Bouloy.	R. Coquillière.	R. C. des P.-Ch
Bourbe (de la).	Faub. S. Jacques.	R. d'Enfer.
Bourbon (de).	R. de Bourgogne.	R. des SS. Pèr
Bourbon-le-Château	R. Cardinal.	R. de Bussy.
Boubon-Villeneuve.	R. du Petit-Carreau	R. S. Denis.
Bourbon (du Petit-)	R. de Tournon.	R. Garancière.
Bourdaloue.	Quai Catinat.	Place Fénélon.
Bourdonnais (des).	R. S. Honoré.	R. Bétizy.
Bourg-l'Abbé.	R. Grenetat.	R. aux Ours.
Bourgogne (de).	R. de Varennes.	Quai d'Orsay.
Bourtibourg.	R. Ste. Cr. de la Bre.	Marché S. Jean
Bourguignons (des).	R. de l'Oursine.	Champ des Cap
Bout-du-Monde.	R. du Petit-Carreau.	R. Montmartre
Bouttebrie.	R. du Foin.	R. Parchemine
Boyauterie (de la).	Bar. du C. du Taur.	Faub. S. Martin
Braque (de).	R. du Chaume.	R. du Temple.
Brave (du).	R. du Petit-Bourbon	R. des Quat.-V
Bretagne (de).	Carr. des F. du Calv.	R. de Beauce.
Bretagne (neuve de).	Carr des F. du Calv.	R. de Beauce.
Breteuil (de).	R. Royale.	Marché S. Mar
Bretonvilliers (de).	R. Blanche de Cast.	Quai Béthune.
Brise-Miche.	R. Neuve. S. Merry.	R. du Cl. S. M
Brodeurs (des).	R. de Sèvres.	R. Plumet.
Brunette.	R. des Batailles.	R. Basse-Chail
Bucherie (de la).	Place Maubert.	R. du Petit-P
Buffault (de).	R. Coquenard.	Faub. Montma
Buffon (de).	R. Jardin des Plant.	Boul. de l'Hôp
Buisson (S. Louis.).	Barr. de la Chopin.	R. S. Maur.
Bussy (de).	Place Ste. Marguer.	R. Mazarine.
Buttes (des).	R. de Picpus.	R. de Reuilly.

C.

Cadet.	R. Bleue.	R. du faub. Mo

Rues.	Tenans.	Aboutissans.
Cadran (du).	R. du Petit-Carreau.	R. Montmartre.
Caire (du).	R. S. Denis.	Place du Caire.
Calandre (de la).	R. du Marché-Palu.	R. de la Barillerie.
Canettes (des).	Place S. Sulpice.	R. du Four S. Germ.
Canettes (des Trois-	Pl. du Parvis N.-D.	R. de la Licorne.
Canivet (du).	R. des Fossoyeurs.	R. Férou.
Capucines (des)	Champ des Capuc.	R. du faub. S. Jacq.
Capucins (n. des)	Boul. de la Madel.	R. de la pl. Vendôm.
Carême-Prenant.	R. du f. du Temple.	R. de l'Hos. S. Louis
Cargaisons (des).	R. de la Calandre.	Marché-Neuf.
Carmes (des).	R. S. Hilaire.	R. des Noyers.
Caron.	R. de Jarente.	Marc. Ste. Cather.
Carpentier.	R. du Gindre.	R. Cassette.
Carreau (du Petit-).	Rue de Cléry.	R. du Cadran.
Carrières (des).	Les champs.	Carr. des Batailles.
Cassette.	R. de Vaugirard.	R. du V.-Colombier
Cassini (de).	R. du f. S. Jacques.	Cul-de-sac de l'Obs.
Castex.	R. de la Cerisaie.	R. S. Antoine.
Castiglione (de).	R. de Rivoli.	R. S. Honoré.
Catherine (Ste.)	R. S. Dominique.	R. S. Thomas.
Catherine (n. Ste.)	R. S. Louis.	R. Payenne.
Caumartin (de).	R. N. des Mathurins	Boul. de la Madel.
Cendrier (du).	R. du Marc. aux Ch.	R. des Fos. S. Marc.
Censier.	R. du Jardin des Pl.	R. Mouffetard.
Cérisaie (de la)	Cour des Salpêtres.	R. du Petit-Musc.
Cérutti. V. d'Artois.	R. de Provence.	Boulev. Italien.
Chabannais (de)	R. n. des P.-Champs.	R. Ste. Anne.
Chaillot (basse de).	R. St Pierre.	Quai Billy.
Chaillot (gr. r. de).	Carref. des Batailles	Av. des Ch.-Élysées
Chaise (de la).	R. de Sèvres.	R. de Grenelle.
Ch. Alouette (petit).	R. Croulebarbe.	R. de l'Oursine.
Champs-Elys. (des).	R. du f. S. Honoré.	Place Louis XV.
Champs (des Petits-)	R. Beaubourg.	R. S. Martin.
Champs (des Petits-)	R. Ch. de l'Alouette	R. de la Glacière.
Champs (n. des Pet.)	R. N. des B.-Enfans.	Place Vendôme.
Chandeliers (des 3).	La rivière.	R. de la Huchette.
Chanoinesse.	Place Fénélon.	R. de la Colombe.
Chantereine.	R. du faub. Montm.	R. du Mont-Blanc.
Chantier (du Gr.-)	R. Pastourelle.	R. des V. Audriettes

Rues.	Tenans.	Aboutissans.
Chantre (du)	Place d'Austerlitz.	R. S. Honoré.
Chantres (des)	R. Basse des Ursins	R. Chanoinesse.
Chanvrerie.	R. S. Denis.	R. Mondétour.
Chapon.	R. du Temple.	R. Transnonain.
Charbonniers (des).	R. de Charenton.	R. de Bercy.
Charbonniers (des).	R. Bourguignons.	R. des Lyonnais.
Charenton (de).	Barr. de Charenton	Place S. Antoine.
Charité (de la).	Place de la Fidélité.	R. S. Laurent.
Charles (Neuve St.)	R. de Courcelles.	R. du f. du Roule.
Charlot.	Boul. du Temple.	R. de Bretagne.
Charonne (de).	Barr. Charonne.	R. du f. S. Antoine.
Chartière.	R. de Reims.	R. du M. S. Hilaire.
Chartres.	R. du Monceaux.	Barr. de Courcelles.
Chât.-Frileux (du).	R. de la Mortellerie.	Quai de la Grève.
Château-Landon.	Barr. des Vertus.	R. du f. S. Martin.
Chat-qui-Pêche.	La rivière.	R. de la Huchette.
Chaudron (du).	R. du faub. S. Mart.	R. Château-Landon
Chaudronnière (m.)	Près S. Sulpice.	Foire S. Germain.
Chaume (du).	R. de Braque.	R. des Blancs-Mant
Chauchat.	R. Chantereine.	R. de Provence.
Chauss. des Minim.	R. N. S. Gilles.	Place Royale.
Chaussée d'Antin.	R. S. Lazarre.	Boul. des Italiens.
Ch. de la Chopin.	Barr. de la Chopin.	R. S. Maur.
Ch. de la Chap. (du)	Près la b. S. Denis.	R. du f. S. Martin.
Chem. de Lagni.	R. des Ormeaux.	R. du f. S. Antoine
Ch. de Pantin (du).	Barr. de Pantin.	R. du f. S. Martin.
Chemin-Vert (du).	R. Popincourt.	B. de la P. S. Ant.
Chenet (du Gros-).	R. des Jeûneurs.	R. de Cléry.
Cherche-Midi (du).	R. du Regard.	Carr. de la C.-Roug
Cheval-Vert (du).	R. des Postes.	R. Vieille-Estrapad
Chevalier-du-Guet.	Pl. du Ch.-du-Guet.	R. des Lavandières
Chévert (de).	Av. de Lam.-Piquet.	Av. de Tourville.
Chevet S. Landry.	R. Basse des Ursins.	R. des Marmouzets
Chevreuse (de).	R. N.-D. des Ch.	R. du Mont-Parna
Chiens (des).	R. des Sept-Voies.	R. des Cholets.
Childebert.	R. Ste. Marguerite.	R. Ste. Marthe.
Choiseul (de).	Boul. des Italiens.	R. N. S. Augustin
Cholets (des).	R. S. Ét.-des-Grès.	R. de Reims.
Christine.	R. des Gr.-August.	R. de Thionville.

Rues.	Tenans.	Aboutissans.
Christophe (St.)	Pl. du Parvis N.-D.	R. de la Juiverie.
Cim. S. André (du).	Pl. S. And.-des-Arts	R. de l'Eperon.
Cim. S. Benoît (du).	R. Fromentel.	R. S. Jacques.
Cim. St. Jacq. (du).	R. du f. S. Jacques.	R. d'Enfer.
Cim. S. Nicolas (du)	R. Transnonain.	R. S. Martin.
Cisalpine.	*Voyez* Valois.	
Ciseaux (des).	R. du Four.	R. Ste. Marguerite.
Claude (S.).	R. Ste. Foy.	R. de Cléry.
Claude (S.)	R. du P. aux Choux.	R. S. Louis.
Clef (de la).	R. d'Orléans.	R. Copeau.
Clément (p. r. S.)	Place S. Marcel.	R. Mouffetard.
Cléry (de).	Porte S. Denis.	R. Montmartre.
Clichy (de).	Barr. de Clichy.	R. S. Lazarre.
Cloche-Perche.	R. du Roi de Sicile.	R. S. Antoine.
Cloître N.-D. (du)	Place Fénélon.	Pl. du pont N.-D.
Cl. S. Germ.-l'Aux.	R. de l'Arbre-Sec.	Pl. S. Germ.-l'Aux.
Cloître S. Méry (du)	R. de la Verrerie.	R. S. Martin.
Clopin.	R. des Fos. S. Victor	R. Bordet.
Clos-Georgeot.	R. Traversière.	R. Ste. Anne.
Clotilde (de).	R. Vieille-Estrapade	R. de Clovis.
Clovis (de).	R. de Clotilde.	R. Bordet.
Cluny (de).	R. des Grès.	R. de Sorbonne.
Cocatrix.	R. S. P. aux Bœufs.	R. des Canettes.
Cœur-Volant (du).	R. des Quat.-Vents.	R. des Boucheries.
Cœur-Volant (du).	R. Croix-Boissière.	Carré des Batailles.
Colbert (de).	R. Vivienne.	R. de Richelieu.
Colisée (du).	R. du faub. S. Hon.	Avenue de Neuilly.
Colombe (de la).	R. Basse des Ursins.	R. des Marmouzets.
Colombier (du).	R. de Seine.	R. S. Benoît.
Colombier (N. du).	March. Ste. Cather.	R. S. Antoine.
Colombier (du V.-)	Place S. Sulpice.	C. de la Croix Roug.
Colonnes (des).	R. Feydeau.	R. des Fill. S. Thom.
Comète (de la).	R. de Gren. f. S.-G.	R. S. Dominique.
Commerce (du).	R. Grénetat.	Encl. de la Trinité.
Concorde (de la).	*Voyez* R. Royale.	
Condé (de).	R. de Vaugirard.	R. des Boucheries.
Contrat-Social (du).	R. de la Tonnellerie.	R. des Prouvaires.
Contrescarpe.	R. des Foss. S. Vict.	R. de Fourcy.
Contrescarpe.	R. S. And.-des-Arts.	R. Dauphine.

* C.

Rues.	Rues Tenant.	Aboutissans.
Contrescr. (de la).	R. de Charenton.	Quai de la Rapée.
Convention (de la).	Voyes Dauphin.	
Copeau.	R. Mouffetard.	R. S. Victor.
Coq S. Honoré (du)	R. S. Honoré.	Place Marengo.
Coq S. Jean (du).	R. de la Verrerie.	R. de la Tixerandrie
Coq-Héron.	R. Pagevin.	R. Coquillière.
Coquenard.	R. de Rochechouart	R. du F. Montmart.
Coquillière.	Place S. Eustache.	R. Cr. des P.-Ch.
Coquilles (des).	R. de la Verrerie.	R. de la Tixerandrie
Cordeliers (des).	R. de la Harpe.	R. des f. S. G. des P.
Corderie (de la).	R. de Bauce.	R. du Temple.
Corderie (de la).	Marché des Jacob.	R. Neuve S. Roch.
Cordiers (des).	R. S. Jacques.	Rue de Cluny.
Cordonnerie (de la).	R. M. aux Poirées.	R. de la Tonnellerie
Corneille (de).	R. de Vaugirard.	Place de l'Odéon.
Cornes (des).	R. du Banquier.	R. des f. S. Marcel.
Cossonnerie (de la).	R. S. Denis.	Pl. du C. de la Halle
Cotte (de).	R. S. Antoine.	Marc. S. Antoine.
Couchant (du).	R. de Vaugirard.	R. N.-D. des Cham
Courcelles (de).	R. de la Pépinière.	R. de Chartres.
Cour-des-Morts.	R. Beaubourg.	R. S. Martin.
Couronnes (des 3).	Barr. des Couronn.	R. S. Maur.
Couronnes (des 3).	R. Mouffetard.	Carré S. Hyppolit
Courroierie (de la).	R. Beaubourg.	R. S. Martin.
Courtalon.	R. S. Denis.	Clôt. S. Opportune
Courteau-Vilain.	R. Transnonain.	R. S. Avoye.
Coutellerie (de la).	R. Jean-de-l'Epine.	R. des Arcis.
Couture S. Gervais.	Rue de Thorigny.	Vieille r. du Templ
Courty (de).	R. de l'Université.	R. de Bourbon.
Crébillon (de).	Pl. de l'Odéon.	R. de Condé.
Croissant (du).	R. du Gros-Chenet.	R. Montmartre.
Croix (Ste.)	R. Gervais-Laurent.	R. Vieille-Draperie
Croix (Neuve Ste.)	R. S. Lazare.	R. S. Nicolas.
Croix (de la).	R. neuve S. Laurent	R. Phelippeaux.
Croix-Blan. (de la).	Vieille r. du Temple	R. Bourtibourg.
Croix-Boissière.	Les champs.	Carr. des Bataille
Croix de la Br. (Ste.)	Vieille r. du Temple	R. S. Avoié.
Croix des P.-Cham.	Place des Victoires.	R. S. Honoré.
Croix-du-Roule.	R. du F. du Roule.	R. de Chartres.

Rues.	Tenans.	Aboutissans.
Croulebarbe (des).	Boulevard du midi.	R. Mouffetard.
Crucifix (du Petit-)	Clol. de la Boucher.	R. S. J. de la Bouch.
Crussol (de).	R. de la Folie-Mér.	R. des f. du Temple.
Culture Ste. Cather.	R. du Parc-Royal.	Place de Biragues.
Cygne (du).	R. S. Denis.	R. Mondétour.

D.

Damiette.	Cour des Miracles.	R. Bourbon-Villen.
Dauphine.	Le Pont-Neuf.	Carrefour de Bussy.
Déchargeurs (des).	R. de la Féronnerie.	R. des Mauv.-Parol.
Degrés (des grands-)	R. de Bièvre.	R. du P. de la pl. M.
Demi-Saint (du)	R. des f. S. G. l'Aux.	Cl. S. G. l'Auxerr.
Denis (S.)	Porte S. Denis.	R. S. Jacq. la Bouch.
Denis (St.)	R. de Montreuil.	R. du f. S. Antoine.
Denis (du faub. S.)	Barr. de S. Denis.	Porte S. Denis.
Denis (Neuve S.)	R. S. Martin.	R. S. Denis.
Dervillé.	R. des f. Anglaises.	R. du P. de C. de lA.
Desaix.	Barr. de Grenelle.	Avenue de Suffren.
Désert (du).	Petite r. du Désert.	R. de la Rochefouc.
Désert (pet. rue du).	R. du Désert.	R. S. Lazare.
Diamans (des Cinq)	R. Troussevache.	R. des Lombards.
Dominique (S.)	R. du faub. S. Jacq.	R. d'Enfer.
Dominique (S.)	Av. du Ch. de Mars.	R. des SS. Pères.
Doré (du Roi).	R. S. Louis.	R. S. Gervais.
Doyenné (du).	R. St Thomas-du-L.	R. des Orties.
Draperie (de la v.)	R. de la Juiverie.	R. Palais de Justice.
Droits de l'Homme.	V. Roi de Sicile.	Vieille r. du Temple.
Duguay-Trouin.	R. Madame.	R. de Fleurus.
Dugommier.	R. Percée.	R. de la Corderie.
Duphot.	Boul. de la Madel.	R. S. Honoré.
Dupont.	R. S. Pierre.	Gr. r. de Chaillot.
Dupuis.	R. de Vendôme.	Enclos du Temple.
Duras (de).	R. de Surenne.	R. du f. S. Honoré.
Durnstein (de).	Pl. Ste. Marguerite.	R. de Seine.

E.

Echarpe (de l').	Pl. Royale.	R. l'Egout S. Cath.
Echaudé (de l').	Rue au Lard.	R. de la Poterie.
Echaudé (de l').	R. de l'Abbaye.	R. de Seine.
Echelle (de l').	R. S. Honoré.	Place du Carrousel.
Echiquier (de l').	Faub. S. Denis.	Faub. Poissonnière.

Rues.	Tenans.	Aboutissans.
Ecole de Médecine.	R. de la Harpe.	R. F. M. le Prince.
Ecosse (d').	R. du Four.	R. S. Hilaire.
Ecouffes (des).	R. des Rosiers.	R. du Roi de Sicile.
Ecrivains (des).	R. des Arcis.	R. de la V. Monnaie
Ecuries (N. des).	Av. de Lamote-Piq.	Av. de Lowendal.
Ecuries (des Petites)	Faub. S. Denis.	F. Poissonnière.
Ecus (des Deux-).	R. des Prouvaires.	R. de Grenelle.
Eglise (de l').	R. de Grenelle.	R. S. Dominique.
Eglise (des Deux-).	Faub. S. Jacques.	R. d'Enfer.
Egout (de l').	R. du Four.	R. Ste. Marguerite
Egout (de l').	R. N. Ste. Catherine	R. S. Antoine.
Egouts (des).	R. S. Martin.	R. du Ponceau.
Eloy (S.)	R. de la Calandre.	R. de la V.-Draper
Enfans-rouges (des)	R. de la Corderie.	R. Pastourelle.
Enfer (d').	R. Bleue.	R. Chev. S. Landr
Enfer (d').	Barrière d'Enfer.	Place S. Michel.
Epée-de-Bois (de l')	R. du Noir.	R. Mouffetard.
Eperon (de l').	R. du Jardinet.	R. S. And.-des-Ar
Erfurth (d').	R. Childebert.	R. Ste. Marguerit
Essay (de l')	Marché aux Chev.	R. de Poliveau.
Est (de l').	Boul. M.-Parnasse.	R. d'Enfer.
Estrapade (de l').	Place de Fourcy.	Pl. de l'Estrapade
Etienne.	R. Bétizy.	R. Boucher.
Etienne (Neuve S.)	R. Copeau.	R. Contrescarpe.
Etienne (Neuve S.)	Boul. Poissonnière.	R. Beauregard.
Etien.-des-Grès (S.)	Place Ste. Genev.	R. S. Jacques.
Etoile (de l').	R. des Barres.	Quai des Ormes.
Etoile (de l').	R. Bouch. des Inv.	R. S. Dominique
Etuves (des Vieilles)	R. Beaubourg.	R. S. Martin.
Etuves (des Vieilles)	R. des Deux-Ecus.	R. S. Honoré.
Eustache (Neuve S.)	R. du P.-Carreau.	R. Montmartre.
Evêché (de l').	Pl. du Pont N.-D.	R. Pont-au-Doub
Evêque (de l').	R. des Orties.	Carr. des Chemi
F.		
Fauconnier.	R. des Prêt. S. Paul.	R. des Barres.
Favart (de).	Boulev. des Italiens.	R. de Grétry.
Femme-sans-Tête.	R. Blanche de Cast.	Quai d'Alençon.
Fer-à-Moulin (du).	Place Scipion.	R. Mouffetard.
Ferme des Mathur.	R. S. Nicolas.	R. N. des Mathu

Rues.	Tenans.	Aboutissans.
éconnerie (de la).	R. de la Lingerie.	R. S. Denis.
érou.	Place St Sulpice.	R. de Vaugirard.
ers (aux).	Mar. aux Poirées.	R. S. Denis.
euillade (de la).	Place Victoire.	R. N. des Bons-Enf.
èves (aux).	R. de la V.-Draperie	R. de la Calandre.
eydeau.	R. de Richelieu.	R. Montmartre.
iacre (S.)	Boul. Montmartre.	R. de Richelieu.
idélité (de la).	R. du F. S. Martin.	R. du F. S. Denis.
iguier (du).	R. Prêtres S. Paul.	R. du Fauconnier.
illes Anglaises (d.)	R. de l'Oursine.	R. des Pet.-Champs.
illes du Calv. (des)	R. Boucherat.	Boulev. du Temple.
illes-Dieu (des).	R. S. Denis.	R. Bourbon-Villen.
illes S. Th. (n. d.).	R. de Richelieu.	R. N.-D. d. Victoir.
leurus (de).	R. Madame.	R. N.-D. des Cham.
lorentin (S.)	R. S. Honoré.	R. de Rivoli.
oin (du).	R. S. Jacques.	R. de la Harpe.
oin (du).	R. Ch. des Minimes.	R. S. Louis.
oire S. Ger (de la)	Préau de la Foire.	Rue du Four.
olie-Méricourt.	R. de Ménilmontant	Faub. du Temple.
olie-Regnault.	R. de la Muette.	R. des Amandiers.
ontaine.	R. de la Folie-Méric.	R. S. Maur.
ontaine (de la)	R. de la Pl. Vendô.	Carrefour Gaillon.
ontaine (de la).	R. d'Orléans.	R. du Puits-l'Herm.
ontaines (des).	R. du Temple.	R. de la Croix.
orez (de).	R. Charlot.	Marché du Temple.
ossés M. le Prince.	R. de Vaugirard.	R. l'Ecole de Méd.
ossés S. Bernard.	R. S. Victor.	Quai S. Bernard.
oss. S. Ger.-l'Aux.	R. de la Monnaie.	R. des Poulies.
oss. S. G.-des-Prés	R. des Boucheries.	Carrefour Bussy.
ossés S. Jacques.	Pl. de l'Estrapade.	R. S. Jacques.
ossés S. Marcel.	R. de la Muette.	R. Mouffetard.
ossés Montmartre.	R. Montmartre.	Place Victoire.
ossés S. Victor.	R. Bordet.	R. S. Victor.
ossés du Temple.	R. de Ménilmontant	R. du f. du Temple.
ossoyeurs (des).	R. de Vaugirard.	R. Palatine.
ouarre (du).	R. Galande.	R. de la Bucherie.
our (du).	R. Traisnée.	Rue S. Honoré.
our (du).	Pl. Ste. Marguerite.	Carr. de la C.-Roug.
our (du).	R. des Sept-Voies.	R. d'Ecosse.

Rues.	Tenans.	Aboutissans.
Fourcy (de).	R. Mouffetard.	Place Fourcy.
Fourcy (de).	R. S. Antoine.	R. de Jouy.
Fourreurs (des).	Clot. St. Opportune	R. des Lavandières.
Fourneaux (des).	Bar. des Fourneaux.	R. de Vaugirard.
Foy (Ste.)	R. S. Denis.	R. des Filles-Dieu.
Française.	R. Pavée.	R. Mauconseil.
Française.	R. Gracieuse.	R. de la Clef.
Francs-Bourgeois.	R. Payenne.	Vieille r. du Temple.
Fr.-Bourgeois (des).	Place S. Michel.	R. d'Enfer.
Fr.-Bourgeois (des).	R. du f. S. Marcel.	Cloître S. Marcel.
François (St.)	R. S. Louis.	Vieille r. du Temple.
Fréjus. V. Bigot.	R. Plumet.	R. de Babylone.
Trépillon.	R. Phélippeaux.	R. Aumaire.
Frères (des Trois-).	R. S. Lazare.	R. Chantereine.
Friperie (de la Gr.)	Place du Légat.	R. de la Tonnellerie.
Friperie (de la Pet.)	Place du Légat.	R. de la Tonnellerie.
Fromagerie (de la).	R. Traisnée.	Marché aux Poirées.
Froidmanteau.	R. S. Honoré.	Place d'Austerlitz.
Fromentel.	R. Charretière.	R. du Cim. S. Be.
Fronde (de la).	Cul sac S. Bernard.	R. de Montreuil.
Frondeurs (des).	Cul. des 4 Chemins.	R. S. Honoré.
Furstenberg.	R. Neuve de l'Abb.	R. du Colombier.
Fuseaux (des).	R. S. Germ.-l'Aux.	Quai de la Mégisser.

G.

Gaillon (de).	R. de la Michaudièr.	R-n. des P.-Cham.
Galande.	Place Maubert.	R. S. Jacques.
Garandière.	R. de Vaugirard.	R. du P.-Bourbon.
Garnisons (des V.)	R. de la Tixerandrie.	Cloître S. Jean.
Gasté.	R. des Batailles.	R. Basse-Chaillot.
Geneviève (Ste.)	Jardin du Luxemb.	R. S. Jacques.
Geneviève (N. Ste.)	R. des Postes.	R. de Fourcy.
Gentilly (du Petit-)	Boulevard du Midi.	R. Mouffetard.
Geoffroy-l'Angevin	R. S. Avoye.	R. Beaubourg.
Geoffroy-Lasnier.	R. S. Antoine.	Quai de la Grève.
Georges (S.)	R. S. Lazare.	R. de Provence.
Gérard-Boquet.	R. Neuve S. Paul.	R. des Lions.
Germ.-l'Aux. (S.)	R. Appert-Paris.	Pl. des Trois-Marie.
Gervais (S.)	R. S. François.	R. du Parc royal.
Gervais-Laurent.	R. de la Lanterne.	Petite rue S. Pierre

Rues.	Tenans.	Aboutissans.
Gilles (Neuve S.)	R. du P.-aux-Choux	R. S. Louis.
Gilles (p. r. N. S.)	R. Neuve-S.-Gilles.	R. du P.-aux-Choux
Gindre (du).	R. de Mézières.	R. du V.-Colombier.
Gît-le-Cœur.	R. S. And.-des-Arts.	Quai des Augustins.
Glacière (de la).	Boulev. de la Santé.	R. de l'Oursine.
Glatigny (de).	Quai de la Cité.	R. des Marmouzets.
Gobelins.	Rivière de Bièvre.	R. Mouffetard.
Gourdes (des).	Ruelle des Marais.	Allée des Veuves.
Gracieuse.	R. Française.	R. Copeau.
Grammont (de).	Boul. des Italiens.	R. N. S. Augustin.
Grande-Rue.	R. Grenetat.	Enclos de la Trinité.
Grange-aux-Belles.	R. des Récolets.	R. des Marais.
Grange-Batelière.	R. du f. Montmartre	Boul. des Italiens.
Gravilliers (des).	R. Pinon.	R. Transnonain.
Grenelle S. G. (de).	Boul. des Invalides.	Carr. de la C.-Rouge
Grenelle.	R. S. Honoré.	Carrefour Sartine.
Grès (des).	R. de la Harpe.	R. S. Jacques.
Grenetat.	R. S. Martin.	R. S. Denis.
Grenier S. Lazare.	R. Beaubourg.	R. S. Martin.
Grenier-sur-l'eau.	R. Geoffroy-Lanier	R. des Barres.
Grésillons (des).	R. de Miromenil.	R. du Rocher.
Grétry.	R. Favart.	R. de Grammont.
Gril (du).	R. Censier.	R. d'Orléans.
Grillée.	R. de la Mortellerie.	Quai de la Grève.
Guénégaud.	R. Mazarine.	Quai de Conti.
Guérin-Boisseau.	R. S. Martin.	R. S. Denis.
Guillaume.	R. Blanche de Cast.	Quai d'Orléans.
Guillaume (S)	R. des SS. Pères.	R. de Grenelle.
Guillemites.	R. des Blancs-Mant.	R. de Paradis.
Guillemin (Neuve-)	R. du V.-Colomb.	R. du Four.
Guisarde.	Foire S. Germain.	R. des Canettes.
Guntzbourg.	R. Neuve de l'Abb.	R. du Colombier.

H.

Hanovre.	R. de Choiseul.	R. du Port-Mahon.
Harenger (de la v.)	Cl. S. Opportune.	R. du Ch.-du-Guet.
Harlay (du).	Q. de l'Horl. du P.	Quai des Orfévres.
Harlay (du).	R. du P.-aux-Choux	R. S. Claude.
Harpe (de la).	R. Vieille-Bouclerie	Place S. Michel.
Haute-Feuille.	R. de l'Ec. de Méd.	R. S. And.-des-Arcs.

Rues.	Tenans.	Aboutissans.
Hauteville (d').	R. de Paradis.	R. B.-porte S. Den
Hazard (du).	R. Traversière.	R. Ste. Anne.
Heaumerie (de la).	R. de la V.-Monnaie	R. S. Denis.
Helder (du).	R. des Bains-Chin.	R. Taitbout.
Helvét. V. Ste. An.	R. de l'Anglade.	R. Neuve S. Augu
Henri Ier.	R. Royale.	Marché S. Martin.
Hermites (des 2).	R. des Marmouzets.	R. Cocatrix.
Hilaire (S.)	R. des Sept-Voies.	R. S. J. de Beauvai
Hilerin-Bertin.	R. de Varennes.	R. de Grenelle.
Hiondelle (de l')	Pont S. Michel.	R. Gît-le-Cœur.
Hoche. V. Beaujol.	R. Batave.	R. de Malte.
Homme-Ar. (de l').	R. des Blancs-Mant.	R. Ste. C. de la Bru
Hommes (des Bons-)	Quai Billy.	Barr. de Francklin.
Honoré (S.).	R. de la Féronnerie.	Porte S. Honoré.
Honoré (Faub. S.(	R. d'Angoulême.	Porte S. Honoré.
Honoré (Chevalier-)	R. du Pot-de-Fer.	R. Cassette.
Hôpital S. Louis.	B. Combat du Taur.	R. des Récolets.
Houssaye (du).	R. de Provence.	R. Chantereine.
Huchette (de la).	R. du Petit-Pont.	R. de la V. Boucler
Hugues (S.)	R. Royale.	Marché S. Martin.
Hurepoix (du).	Pont S. Michel.	Quai des Augustin
Hurleur (du Grand-)	R. S. Martin.	R. Bourg-l'Abbé.
Hurleur (du Petit-).	R. S. Denis.	R. Bourg-l'Abbé.
Hyacinthe (Ste.)	Marc. des Jacobins.	R. de la Sourdière.
Hyacinthe.	R. S. Jacques.	Place S. Michel.
Hypolite (S.)	R. des 3 Couronnes.	R. de l'Oursine.

I.

Ivry (Petite r. d').	Boul. de l'Hôpital.	R. du Banquier.
Irlandais (des).	Place de la V.-Estra.	R. des Postes.

J.

Jasinthe.	R. des Trois-Portes.	R. Galande.
Jacob.	R. des SS. Pères.	R. S. Benoît.
Jacques (S.)	Porte S. Jacques.	R. S. Severin.
Jacques (du F. S.)	Barr. d'Arcueil.	Porte S. Jacques.
Jardin des Pl. (du).	R. de la Muette.	Carref. de la Pitié.
Jardinet (du).	R. Mignon.	R. de l'Eperon.
Jardins (des).	R. des Prêt. S. Paul.	R. des Barrés.
Jarente (de).	R. Cul. Ste. Cather.	R. de l'Eg. Ste.-Cat

Rues.	Tenans.	Aboutissans.
ean (S.)	R. S. Dominique.	R. de l'Université.
ean (Neuve S.).	Faub. S. Martin.	Faub. S. Denis.
ean-Baptiste (S.)	R. Michel.	R. de la Pépinière.
ean-Bart.	R. de Vaugirard.	R. de Fleurus.
ean-Beausire.	Boul. S. Antoine.	R. S. Antoine.
ean-de-Beauce.	R. Grande-Friperie.	R. la Cordonnerie.
ean-de-Beauvais.	R. des Noyers.	R. Mont S. Hilaire.
ean-Jacq. Rousseau	R. Coquillière.	R. Montmartre.
ean-Hubert.	R. des Sept-Voies.	R. des Cholets.
ean-de-l'Epine.	R. de la Vannerie.	R. de la Coutellerie.
ean-de-Latran (S.)	R. S. Jean-de-Beau.	Place Cambrai.
ean-Lantier.	R. des Lavandières.	R. Bertin-Poirée.
ean-Pain-Molet.	R. de la Coutellerie.	R. des Arcis.
ean-Robert.	R. Transnonain.	R. S. Martin.
ean-Tison.	R. Bailleul.	R. des f. S. G. l'Aux.
éna.	La rivière.	Les Invalides.
érôme (S.)	R. Vieille-Lanterne.	Quai de Gèvres.
érusalem (de).	Quai des Orfèvres.	R. de Nazareth.
etineurs (des).	R. du Sentier.	R. Montmartre.
oaillerie (de la).	R. S. J. de la Bouch.	Place du Châtelet.
oquelet.	R. Montmartre.	R.-N.-D. des Victoir.
oseph (S.)	R. du Gros-Chenet.	R. Montmartre.
oubert.	R. N. des Capucins	Place Ste.-Croix.
our (du).	Place S. Eustache.	R. Montmartre.
oby (de).	R. de Fourcy.	R. S. Antoine.
udas.	R. des Carmes.	R. Mont. Ste. Gen.
uifs (des).	R. du Roi-de-Sicile.	R. des Rosiers.
uiverie (de la).	R. de la Calandre.	R. de la V.-Draperie
ulien-le-Pauv. (S.)	R. de la Bucherie.	R. Galande.
ulienne.	R. Pascal.	R. de l'Oursine.
ules (S.)	R. du f. S. Antoine.	R. de Montreuil.
ussienne (de la).	R. Verdelet.	R. Montmartre.
ustice (de la).	*Voyez* Princesse.	
K.		
Kleber.	Avenue de Suffren.	Barr. de la Cunette.
L.		
Laiterie (de la).	Près la rue Grénéta.	Enclos de la Trinité.
Lancry (de).	R. des Marais.	R. de Bondy.
Landry (S.)	R. Basse des Ursins	R. des Marmouzets.

Rues.	Tenant.	Aboutissant.
Langlade (de).	R. Traversière.	R. l'Evêque.
Lanterne (de la).	Quai de la Cité.	R. de la V.-Drap.
Lanterne (de la).	R. S. Bon.	R. des Arcis.
Lanterne (de la V.-)	R. V. pl. aux Veaux	R. S. Jérôme.
Lappe (de).	R. de Charonne.	R. de la Roquette
Lard (au).	R. Lenoir.	R. de la Lingerie.
Laurent (S.)	R. du f. S. Martin.	R. du f. S. Denis.
Laurent (S.)	R. S. Laurent.	Foire S. Laurent.
Laurent (Neuve S.)	R. du Temple.	R. de la Croix.
Laval.	Les champs.	R. de Pigale.
Lavandières (des).	R. S. Germ.-l'Aux.	Cl. S. Opportune.
Lavandières (des).	R. des Noyers.	Place Maubert.
Lazare (S.)	R. S. Laurent.	Foire S. Laurent.
Lazare (S.)	R. du f. Montmartre	R. Colbert.
Leclère.	Boul. S. Jacques.	R. du f. S. Jacques
Lenoir.	R. du f. S. Antoine.	Marché S. Antoi.
Lenoir.	R. de la Poterie.	R. S. Honoré.
Lenoir.	R. S. Laurent.	Foire S. Laurent.
Lepelletier.	R. de Provence.	Boul. des Italiens.
Lescot (Pierre).	Place d'Austerlitz.	R. S. Honoré.
Lesdiguière (de).	R. S. Antoine.	R. de la Cerisaye.
Leture (enc. du T.).	R. Perrée.	R. du Pet.-Thou.
Leufroy.	R. P. Poissons.	Quai de la Mégiss.
Levrette (de la).	R. du Martois.	R. de la Mortelle.
Licorne (de la).	R. des Marmouzets.	R. S. Christophe.
Lille (de).	Voy. Bourbon.	
Limace (de la).	R. des Bourdonnais.	R. des Décharge.
Limoges (de).	R. de Bretagne.	R. de Poitou.
Lingerie (de la).	Marc. des Innocens.	R. S. Honoré.
Lingerie (de la).	Préau de la Foire.	Foire S. Germain.
Lion (du Petit-).	R. de Condé.	R. des Aveugles.
Lion (du Petit-).	R. des Deux-Portes.	R. S. Denis.
Lions (des).	R. du Petit-Musc.	R. S. Paul.
Lombards (des).	R. S. Martin.	R. S. Denis.
Long-Champ (de).	Barr. de Neuilly.	R. des Batailles.
Long-Pont (de).	Place S. Gervais.	Quai de la Grève.
Lorillon (de).	Barr. de Ramponn.	R. S. Maur.
Louis (S.)	Pont S. Michel.	R. de Jérusalem.
Louis (S.)	R. S. Honoré.	R. de l'Echelle.

Rues.	Tenans.	Aboutissans.
ouvois (de).	R. de Richelieu.	R. Ste. Anne.
ubeck (de).	R. Ste. Marie.	R. des Batailles.
ally (de).	R. Rameau.	R. de Louvois.
une (de la).	Boulev. Poissonn.	R. Poissonnière.
uxemb. (Neuve de)	Boulv. de la Madel.	R. de Rivoli.
ycée (du).	Voy. R. Valois (de)	R. S. Honoré.
yonnais (des).	R. de l'Oursine.	R. des Charbonn.

M.

ably ou d'Enghien	R. du faub. S. Denis.	R. du F. Poissonn.
âcon.	R. de la V.-Bouclerie	R. S. And.-des-Arcs.
açons (des).	Place Sorbonne.	R. des Mathurins.
adame.	R. de l'Ouest.	R. de Vaugirard.
adeleine (de la).	R. de la Ville-l'Evêq.	R. du F. S. Honoré.
agdebourg (de).	Quai de Billy.	R. des Batailles.
agloire (S.)	R. Salle-au-Comte.	R. S. Denis.
ail (du).	R. Montmartre.	R. Vide-Gousset.
aillet.	R. du F. S. Jacques.	R. d'Enfer.
aison-Neuve.	R. de la Pépinière.	R. de la Bienfaisance
alborough.	R. du F. Poisonn.	R. de Rochechouart
alte (de).	R. de Ménilmontant	R. de la Tour.
alte (de).	Pl. du Palais-Royal.	Place du Carrousel.
andar.	R. Montmartre.	R. Montorgueil.
antoue. V. Chart.	Barr. de Courcelles.	R. de Mousseaux.
arais (des).	R. de Seine.	R. des P.-Augustins
arais (des).	R. du F. du Temple.	R. du F. S. Martin.
arc (S.)	R. Montmartre.	R. de Richelieu.
arc (Neuve S.)	Place des Italiens.	R. de Richelieu.
arcel (S.)	Place S. Marcel.	R. Mouffetard.
arceau. V. Rohan	R. S. Honoré.	R. de Malte.
arche (de la).	R. de Bretagne.	Rue de Poitou.
arché (du).	R. d'Aguesseau.	R. des Saussayes.
arché-aux-Chev.	Boulv. de l'Hôpital.	R. Poliveau.
arché-des-Jacob.	R. N. des Petits-Ch.	R. S. Honoré.
arché-Neuf (du).	R. du Marché-Palu.	R. de la Barillerie.
arché S. Martin.	R. Frépillon.	Enclos S. Martin.
arché-aux-Poirées	Carr. de la Halle.	Place du Légat.
arché-Palu (du).	R. de la Calendre.	R. du Petit-Pont.
arcou (S.)	Rue Baillif.	R. Royale.
arguerite (Ste.)	Pl. Ste. Marguerite.	R. de l'Egout.

Rues.	Tenans.	Aboutissans.
Marguerite (Ste.)	R. de Charonne.	R. du F. S. Antoine
Marie (Ste.)	R. de Bourbon.	R. de Verneuil.
Marie (Ste.)	Barrière Ste. Marie.	R. de Long-Champ
Marigny (de).	R. du F. S. Honoré.	Champs-Elysées.
Marionnettes (des).	R. de l'Arbalètre.	R. du F. S. Jacques
Marivaux (de).	Boul. des Italiens.	R. de Grétry.
Marivaux (de).	R. des Lombards.	R. des Ecrivains.
Marivaux (P. r. de).	R. de Marivaux.	R. de la V.-Monnaie
Marmouzets (des).	R. de la Colombe.	R. de la Juiverie.
Marmouzets (des).	R. des Gobelins.	R. S. Hippolyte.
Martel.	R. de Paradis.	R. des P.-Ecuries.
Marthe.	Pass. de l'Abbaye.	R. Childebert.
Martin (S.).	Porte S. Martin.	R. des Lombards.
Martin (Neuve S.)	R. du Pont-au-Bich.	R. S. Martin.
Martin (du F. S.)	Barr. de la Villette.	Porte S. Martin.
Martin (Petite r. S.)	Cloître S. Marcel.	R. Mouffetard.
Martyrs (des).	Barr. des Martyrs.	R. S. Lazare.
Martois (du).	R. de la Levrette.	Pl. de l'Hôt.-de-Ville
Masseran (de).	R. de Sèvres.	R. Plumet.
Massillon (de).	Place Fénélon.	R. Chanoinesse.
Mathurins (des).	R. S. Jacques.	R. de la Harpe.
Mathurins (N. des)	R. du Mont-Blanc.	R. de l'Arcade.
Matignon (de).	R. du F. S. Honoré.	Champs-Elysées.
Maubuée.	R. du Poirier.	R. S. Martin.
Mauconseil.	R. S. Denis.	R. Montorgueil.
Maur (S.)	R. des Amandiers.	L'Hospice S. Louis
Maur (S.)	R. des V.-Tuileries.	R. de Sèvres.
Maure (du).	R. Beaubourg.	R. S. Martin.
Maures (des Trois-)	R. S. Vannes.	R. Royale.
Maures (des Trois-)	R. de la Mortellerie.	Quai de la Grève
Mauv.-Garç. (des)	R. des Boucheries.	R. de Bussy.
Mauvais-Garçons.	R. de la Verrerie.	R. de la Tixeranderie
Mauv.-Paroles (des)	R. des Lavandières.	R. des Bourdonnais
Mazarine.	Carrefour Bussy.	R. de Seine.
Mazure (de la).	R. de la Mortellerie.	Quai des Ormes.
Mécaniques (des).	R. des Arts.	R. du Commerce.
Médéric (des).	R. Ste.-Avoie.	R. S. Martin.
Méchin.	R. de la Santé.	R. du F. S. Jacques
Médard (Neuve S.)	R. Gracieuse.	R. Mouffetard.

Rues.

Rues.	Tenans.	Aboutissans.
Ménars (de).	R. de Richelieu.	R. de Grammont.
Ménestriers (des).	R. Beaubourg.	R. S. Marin.
Ménilmontant (de).	Barr. de Ménilm.	R. Amelot.
Ménilmont. (N. de).	R. des Fill. du Calv.	R. de S. Louis.
Mercier.	R. de Viarmes.	R. de Grenelle.
Mercière.	Encl. de la Foire	S. Germain.
Merry (Neuve S.)	R. Bar-du-Bec.	R. S. Martin.
Meslay.	R. du Temple.	R. S. Martin.
Messageries (des).	R. de Paradis.	R. du F. Poissonn.
Métiers (des).	R. Grenétat.	Enclos de la Trinité.
Mézières (des).	R. du Pot-de-Fer.	R. Cassette.
Michel.	R. S. Jean-Baptiste.	R. Maison-Neuve.
Michaudière (de la).	Boulev. des Italiens.	Carrefour Gaillon.
Michel-le-Comte.	R. Transnonain.	R. Ste. Avoye.
Mignon.	R. du Jardinet.	R. du Battoir.
Milan (de).	R. du F. du Roule.	R. de Chartres.
Minimes (des).	R. des Tournelles.	R. S. Louis.
Miroménil (de).	Les champs.	Place Beauveau.
Moine (du Petit-).	R. de Scipion.	R. Moufletard.
Moineaux (des).	R. des Orties.	R. Neuve S. Roch.
Molay (de).	R. Portefoin.	R. de la Corderie.
Molière (de).	R. de Vaugirard.	Place de l'Odéon.
Monceau S. Gervais	R. de Long-Pont.	R. de la Levrette.
Mondétour.	R. du Cygne.	R. des Prêcheurs.
Mondovi (de).	R. du Mont-Thabor.	R. de Rivoli.
Monnaie (de la).	R. des B. S. G.-l'Au.	R. S. Germ.-l'Aux.
Monnaie (de la V.-)	R. des Lombards.	R. des Ecrivains.
M. le Prince (de).	R. de Vaugirard.	R. de l'Ec. de Méd.
Montaigne (de).	C. Rousselet.	Champs-Elysées.
M. Ste. Gen.)de la)	Pl. S. Et.-du-Mont.	Place Maubert.
Mont-Blanc (du).	R. S. Lazare.	Boulv. d'Antin.
Montesquieu.	R. Cr. des Pet.-Ch.	Palais-Royal.
Montgallet.	R. de Reuilly.	R. de Charenton.
Montholon.	R. du F. Poissonn.	R. de Rochechouart
Montmartre (du F.)	R. S. Lazare.	Boulv. Montmartre.
Montmartre.	Boulv. Montmartre.	Pointe S. Eustache.
Montmorency (N.-)	R. S. Marc.	R. Feydeau.
Montauban.	R. Contrescarpe.	R. Copeau.
Montorgueil.	R. du Cadran.	R. de la Tonnellerie.

d.

Rues.	Tenans.	Aboutissans.
Mont-Parnasse (du).	B. du Mont-Parnas.	R. N.-D. des Cham.
Montpensier.	R. de Richelieu.	R. Beaujolais.
Montreuil (de).	Barr. de Montreuil.	R. du N. S. Antoine.
Mont-Thabor (de).	R. de Mondovi.	R. Castiglione.
Moreau.	R. de Charenton.	Quai de la Rapée.
Mortellerie (de la).	R. de l'Etoile.	Pl. de l'Hôt.-de-Vil.
Morts (Cour des).	R. Beaubourg.	R. S. Martin.
Morts (des).	R. l'Hosp. S. Louis.	R. du F. S. Martin.
Mousseaux (de).	R. de Chartres.	Rue du F. du Roule.
Mouffetard.	Barr. Mouffetard.	R. de Fourcy.
Moulin (du Haut-).	R. de la Tour.	R. du F. du Temple.
Moulin (du Haut-).	R. Clatigny.	R. de la Lanterne.
Moulins (des).	R. N. des P.-Cham.	R. des Orties.
Moussy (de).	R. Ste. C. de la Bret.	R. de la Verrerie.
Mouton (du).	R. de la Tixeranderie.	Pl. de Grève.
Muette (de la).	R. de Charonne.	R. de la Roquette.
Muette (de la).	Place de Scipion.	R. des F. S. Marcel.
Mulets (des).	R. des Moineaux.	R. d'Argenteuil.
Murier (du).	R. S. Victor.	R. Traversine.
Murs (des).	R. Clopin.	R. S. Victor.
Musc (du Petit-).	R. S. Antoine.	Quai des Célestins.
Muséum (du Petit-)	R. des F. G.-l'Aux.	Quai de l'Ecole.

N.

Rues.	Tenans.	Aboutissans.
Napoléon.	Voyez Paix (de la).	
Nazareth (de).	Cour de la Ste. Ch.	R. de Jérusalem.
Necker.	Rue de Jarente.	R. d'Ormesson.
Neuve des Capucin.	R. du Mont-Blanc.	Place Ste.-Croix.
Nevers (de).	R. d'Anjou.	Quai de la Monnaie.
Nicaise (S.)	Place du Carrousel.	R. S. Honoré.
Nicolas (S.)	R. de Charenton.	R. du F. S. Antoine.
Nicolas (S.)	R. du Mont-Blanc.	R. de l'Arcade.
Nic. du Chard. (S.)	R. Traversine.	R. S. Victor.
Nicolas (Neuve S.)	R. Sanson.	R. du F. S. Martin.
Nicolet.	R. de l'Université.	Quai d'Orsay.
Noir (du).	R. d'Orléans.	R. Française.
Nonaindières (des).	R. de Jouy.	Quai des Ormes.
Normandie (de).	R. Boucherat.	R. Charlot.
Normandie (de).	Enclos de la Foire	Saint-Germain.
Nôtre (le).	Aven. de Matignon.	R. du Colysée.
Notre-Dame (N).	Place du Parvis.	R. du Marché-Pal.

Rues.	Tenans.	Aboutissans.
Notre-Dame (V.)	R. Censier.	R. d'Orléans.
N.-D. des Champs.	R. d'Enfer.	R. de Vaugirard.
N.-D. de B.-Nouv.	Boulev. Poissonn.	R. Beauregard.
N.-D. de Nazareth.	R. du Temple.	R. du Pont aux Bich.
N.-D. de Recouvr.	Boulev. Poissonn.	R. Beauregard.
N.-D. des Victoires.	R. Montmartre.	Carré des P.-Pères.
Noyers (des).	Place Maubert.	R. S. Jacques.

O.

Rues.	Tenans.	Aboutissans.
Ohlin.	R. Coquillière.	R. de Viarmes.
Observance (de l').	Pl. de l'Ec. de Méd.	R. de M. le Prince.
Odéon (de l').	Pl. de l'Odéon.	Carré de l'Odéon.
Ogniard.	R. S. Martin.	R. des 5 Diamans.
Oiseaux (des).	M. des Enf.-Rouges.	R. de Beauce.
Olivet (d').	R. des Brodeurs.	R. Traverse.
Orangerie (de l').	R. Censier.	R. d'Orléans.
Oratoire (de l').	R. du Coq S. Hon.	R. S. Honoré.
Oratoire (N. de l').	R. du F. du Roule.	Avenue de Neuilly.
Orfévres (des).	R. Jean-Lantier.	R. S. Germ.-l'Aux.
Orléans (d').	R. des Deux-Ecus.	R. S. Honoré.
Orléans (d').	R. de Poitou.	R. des Quatre-Fils.
Orléans (d').	R. Mouffetard.	R. du Jard. des Pl.
Orléans (Neuve d').	Porte S. Martin.	Porte S. Denis.
Ormeaux (des).	R. anc. de Lagny.	R. de Montreuil.
Ormesson (d').	R. de l'Egout.	Cult. Ste. Cathert
Orties (des).	R. Froidmanteau.	Place du Carrousel.
Orties (des).	R. Ste. Anne.	R. d'Argenteuil.
Oseille (de l').	R. S. Louis.	Vieille r. du Temple
Ouest (de l').	Bar. du Mont-Parn.	R. de Vaugirard.
Ours (aux).	R. S. Martin.	R. S. Denis.
Oursine (de l').	R. de la Santé.	R. Mouffetard.

P.

Rues.	Tenans.	Aboutissans.
Pagevin.	R. de la Jussienne.	R. des V.-Augustins
Paix (de la).	Boul. des Capucines	Place Vendôme.
Palatine.	R. Garencière.	R. des Fossoyeurs.
Paon (du).	R. de l'Ec. de Méd.	R. du Jardinet.
Paon (du).	R. Traversine.	R. S. Victor.
Paon-Blanc (du).	R. de la Mortellerie.	Quai des Ormes.
Papillon.	R. Bleue.	Place Montholon.
Paradis (du).	R. du F. Poisson.	R. du F. S. Denis.
Paradis (du).	Vieille r. du Temple	R. du Chaume.

Rues.	Tenans.	Aboutissans.
Parcheminerie.	R. S. Jacques.	R. de la Harpe.
Parc-Royal.	R. S. Louis.	R. de Thorigny.
Paris (de).	Enclos de la Foire	Saint-Germain.
Pascal.	R. Ch. de l'Alouette	R. S. Hippolyte.
Pas-de-la-Mule.	Boul. S. Antoine.	Place Royale.
Pastourelle.	R. du Gr.-Chantier.	R. du Temple.
Paul (S.).	Port S. Paul.	R. S. Antoine.
Paul (Neuve S.)	R. Beautreillis.	R. S. Paul.
Pavée S. André.	R. S. And.-des-Arts	Quai des Augustins.
Pavée S. Sauveur.	R. du Petit-Lion.	R. Montorgueil.
Pavée (au Marais).	R. N. Ste.-Cather.	R. du Roi de Sicile.
Pav. de la P. Maub.	Le Mail.	Place Maubert.
Pavillons (des Trois)	R. du Parc-Royal.	R. des Fr.-Bourgeois
Paxaut (S.)	R. Bailly.	R. Royale.
Payenne.	R. du Parc-Royal.	R. Ste. Catherine.
Péniche.	R. N.-D. des Vict.	R. Montmartre.
Pépinière (de la).	R. du Rocher.	R. de Courcelles.
Percée.	R. S. Antoine.	R. des Prêt. S. Paul
Percée.	R. de la Harpe.	R. Haute-Feuille.
Perche (du).	Vieille r. du Temple	R. d'Orléans.
Perdue.	R. des Gr.-Degrés.	Place Maubert.
Pères (des Petits-).	R. Vide-Gousset.	R. de la Feuillade.
Pères (des Saints-).	R. de Grenelle.	Quai Malaquais.
Périgueux.	R. Boucherat.	R. de Bretagne.
Périne (Ste.)	Les champs.	Gr. rue de Chaillot
Perrin-Gasselin.	R. S. Denis.	R. Harangerie.
Perle (de la).	R. de Thorigny.	Vieille r. du Temple
Pernelle.	R. de la Mortellerie.	Quai de la Grève.
Perpignan (de).	R. des Marmouzets.	R. des 3 Canettes.
Perrée.	R. à v. la r. d. Font.	Enclos du Temple.
Pet (du).	R. Bourg-l'Abbé.	R. S. Martin.
Pet-au-Diable (du).	R. de la Tixerandrie.	Cloître S. Jean.
Philippeaux.	R. du Temple.	R. Frépillon.
Philippe (S.)	R. de Cléry.	R. Bourbon-Villen.
Philippe (S.).	R. Bailly.	R. Royale.
Picardie.	Encl. de la F. S. G.	Encl. de la F. S. G.
Piepus (de).	Barrière de Piepus.	R. du F. S. Antoine
Pied-de-Bœuf (du).	R. de la Tuerie.	R. de la Joaillerie.
Pierre (S.)	R. Baisse-de-Chaill.	Gr. rue de Chaillot

Rues.

Rues.	Tenans.	Aboutissans.
Pierre (Neuve S.)	R. Neuve S. Gilles.	R. des 12 Portes
Pierre (S.)	R. S. Sébastien.	R. de Ménilmontant
Pierre-Sarrazin.	R. de la Harpe.	R. Haute-Feuille.
Pierre-à-Poissons.	M. de l'Aport-Paris.	R. de la Sonnerie.
Pierre (Petite r. S.)	R. d'Aval.	R. Mouffetard.
Pierre-Lombard.	Encl. Cl. S. Marcel.	R. Amelot.
Pierre (S.)	R. N.-D. des Vict.	R. Montmartre.
Pierre-au-Lard.	R. Neuve S. Merry.	R. du Poirier.
Pierre-Levée.	R. des Trois-Bornes.	R. Fontaine.
P.-aux-Bœufs (S.)	R. des Marmouzets.	Pl. du Parvis N.-D.
Pierre-Assis.	R. Mouffetard.	R. S. Hippolyte.
P.-des-Arcis (S.)	R. Gervais-Laurent.	R. de la V. Draperie
Pigale (de).	R. Larochefoucault.	R. Blanche.
Pinon.	R. d'Artois.	R. N. Grange-Bat.
Pirouette.	R. Mondétour.	P. du C. de la Halle.
Pistolets (des Trois-)	R. du Petit-Musc.	R. Beautreillis.
Place-Vend. (de la)	Boul. des Italiens.	R. N. des P.-Cham.
Pl.-aux-Veaux (de la)	R. Planche-Mibray.	R. S. J. la Boucherie
Placide (Ste.)	R. des Vieilles-Tuil.	R. de Sèvres.
Planche (de la).	R. de la Chaise.	R. du Bacq.
Planche-Mibray.	R. S. J. la Boucherie	Quai de la Grève.
Planchette (de la).	R. des Terres-Fort.	R. de Charenton.
Plat-d'Étain (d').	R. des Lavandières.	R. des Déchargeurs.
Plâtre (du).	R. de l'Hom.-Armé.	R. Ste. Avoye.
Plâtrière ou J.-J. R.	R. Coquillière.	R. Montmartre.
Plumet.	Barr. des Paillass.	R. des Brodeurs.
Plumets (des).	R. de la Mortellerie.	Quai de la Grève.
Pochet.	R. Plumet.	R. de Babylone.
Poirées (des).	R. N. des Poirées.	R. des Cordiers.
Poirées (Neuve des)	R. des Poirées.	R. S. Jacques.
Poirier (du).	R. Simon-le-Franc.	R. Neuve S. Merry.
Poissy (de).	Quai de la Tournelle	R. S. Victor.
Poissonnière.	Boul. Poissonnière.	R. de Cléry.
Poisson. (du F.)	Barr. Poissonnière.	Boul. Poissonnière.
Poitevins (des).	R. Haute-Feuille.	R. du Battoir.
Poitiers (de).	R. de l'Université.	Quai d'Orsay.
Poitiers (Neuve de).	R. de l'Oratoire.	R. de l'Union.
Poitou (de).	Vieille r. du Temple.	R. d'Orléans.
Poliveau (de).	Quai de l'Hôpital.	R. Marché-aux-Ch.

Rues.	Tenans.	Aboutissans.
Ponceau (du).	R. St Martin.	R. S. Denis.
Pont (du Petit-).	R. Galande.	Pl. du Petit-Pont.
Pont-aux-Bich. (du)	R. de la Muette.	R. Censier.
Pont-aux-Bich. (du)	R. N.-D. de Nazar.	R. Neuve S. Laurent
Pont-aux-Choux.	R. Pont-aux-Choux.	R. S. Louis.
Pont-de-Lody (du).	R. des Grands-Aug.	R. Dauphine.
P. de la Triper. (du).	R. de la Triperie.	R. de l'Université.
Ponts (des Deux-)	Pont-Marie.	Pont de la Tournelle
Ponthieu (Neuve de)	Aven. de Matignon.	R. Neuve de Berri.
Pont (du). V. Beaune	R. de l'Université.	Quai Voltaire.
Pontoise (de).	Quai de la Tournelle	R. S. Victor.
Popincourt (de).	R. de la Roquette.	R. de Ménilmontant
Port-Mahon (du).	P. de la Pl. Vendôme	Carrefour Gaillon.
Porte-Foin.	R. des Enfans-Roug.	R. du Gr.-Chantier.
Portes (des Deux-).	R. de la Verrerie.	R. de la Tixerandrie.
Portes (des Deux-).	R. Thevenot.	R. du Petit-Lion.
Portes (des Deux-).	R. de la Harpe.	R. Haute-Feuille.
Portes (des Trois-).	R. du Pavée.	R. des Rats.
Portes (des Douze-).	R. Neuve S. Pierre.	R. S. Louis.
Postes (des).	R. de l'Arbalète.	Pl. de l'Estrapade.
Poste (de la).	R. des Pet.-August.	Pl. de l'Abb. S.-G.
Pot-de-Fer (du).	R. de Vaugirard.	R. du V.-Colombier.
Pot-de-Fer.	R. Mouffetard.	R. des Postes.
Poterie (de la).	R. de la Verrerie.	R. de la Tixerandrie
Poterie (de la).	R. de la Lingerie.	R. de la Tonnellerie.
Pots-d'Etain (de).	R. Pirouette.	R. de la Cossonnerie
Poules (des).	R. du Puits-qui-parl.	R. de la V.-Estrap.
Poulies (des).	Place du Louvre.	R. S. Honoré.
Poultier.	Quai d'Anjou.	Quai de Béthune.
Poupée.	R. Haute-Feuille.	R. de la Harpe.
Pourtour (du).	Place Baudoyer.	R. du Monceau.
Préau (du).	Foire S. Germain.	R. du Four.
Prêcheurs (des).	R. des Potiers-d'Et.	R. S. Denis.
Prêtrelle.	R. du F. Poissonn.	R. de Rochechouart
Prêt. S. Paul (des).	R. S. Paul.	R. des Nonaindières
Prêtres S. Séverin.	R. de la Parchemin.	R. S. Séverin.
Prêt. S. Ger.-l'Aux.	R. de la Monnaie.	Cl. S. Germ.-l'Aux.
Pr. S. Et.-du-Mont.	R. Bordet.	Pl. S. Et.-du-Mont.
Prieuré (du Grand-)	R. de Ménilmontant	R. de la Tour.

Rues.

Rues.	Tenans.	Aboutissans.
Princesse.	R. Guisarde.	R. du Four S.-G.
Projetée V. Hanovre	R. de Choiseul.	R. du Port-Mahon.
Projetée.	R. de la Pépinière.	R. Roquépine.
Provence (de).	R. du F. Montmart.	R. du Mont-Blanc.
Prouvaires (des).	R. Traînée.	R. S. Honoré.
Puits (du).	R. des Bl.-Manteaux	R. Ste. Cr.-de-la-Br.
Puits-qui-parle (du)	R. N. Ste. Genev.	R. des Postes.
Puits-l'Hermite (du)	R. du Battoir.	R. de la Clef.
Pyramides (des).	Place de Rivoli	R. S. Honoré.

Q.

Quatre-Fils (des).	R. du Gr.-Chantier.	Vieil. r. du Temple.
Quatre-Sols.	R. Château-Landon	R. du F. S. Martin.
Quatre-Vents (des).	R. du Brave.	R. de Condé.
Quenouilles (des).	R. S. Germ.-l'Aux.	Q. de la Mégisserie.
Quiberon (de).	V. Montpensier.	R. de Richelieu.
Quincampoix.	R. aux Ours.	R. Aubry-le-Bouch.
Quinze-Vingts (des)	R. Batave.	R. de Rohan.

R.

Racine (de).	R. de M. le Prince.	Place de l'Odéon.
Rambouillet (de).	R. de Charenton.	R. de Bercy.
Rameau (de).	R. Ste. Anne.	R. de Richelieu.
Rapée (de la).	R. de Bercy.	Quai de la Rapée.
Rats (des).	R. de la Bucherie.	R. Galande.
Rats (des).	Barrière des Rats.	R. Folie-Regnault.
Ravel (de).	R. du Petit-Vaugir.	R. de Sèvres.
Réale (de la).	R. de la Gr.-Truand.	R. de la Tonnellerie.
Récollets (des).	R. Grange-aux-Bel.	R. du F. S. Martin.
Regard (du).	R. de Vaugirard.	R. des V.-Tuileries.
Regnard (de).	R. de Condé.	Place de l'Odéon.
Regratière.	R. Blanc. de Castille	Quai d'Orléans.
Reine-Blanc. (de la).	R. des F. S. Marcel.	R. Mouffetard.
Rempart (du).	R. Richelieu.	R. S. Honoré.
Rempart (Basse du).	R. du Mont-Blanc.	R. de Surennes.
Renard (du).	R. S. Merry.	R. de la Verrerie.
Renard (du).	R. Beaurepaire.	R. S. Denis.
Renaud-Lefevre.	R. Marché S. Jean.	Place Beaudoyer.
Reposoir (du Petit-)	R. des V.-Augustins	Place Victoire.
Reuilly (de).	Barrière de Reuilly.	R. S. Antoine.
Reuilly (Petite rue).	Gr. rue de Reuilly.	R. de Charenton.

Rues.	Tenans.	Aboutissans.
Réunion (de la).	S. du Temple.	R. S. Martin.
Reims (de).	R. des Sept-Voies.	R. des Cholets.
Ribouté.	R. Bleue.	Place Montholon.
Richer.	R. du F. Poissonn.	R. du F. Montm.
Richelieu (de).	R. S. Honoré.	Boul. Montmartr.
Richel. (Neuve de).	Place Sorbonne.	R. de la Harpe.
Richepanse.	R. Duphot.	R. S. Honoré.
Rivoli (de).	R. de l'Echelle.	Place Louis XV.
Roch (S.).	R. Poissonnière.	R. du Gros-Chen
Roch (Neuve S.).	R. N. des P.-Cham.	R. S. Honoré.
Rochechouart (de).	Bar. Rochechouart.	R. Montholon.
Rochefoucault.	R. Montmartre.	R. S. Lazare.
Rocher (du).	R. Mouceaux.	R. de la Pépinièr
Rohan (de).	C. du Commerce.	R. du Jardinet.
Rohan ou Marceau.	R. S. Honoré.	R. de Malte.
Roi de Sicile (du).	R. des Ballets.	Vieille r. du Temp
Roquépine.	R. d'Astorg.	R. de la V.-l'Evêq
Roquette (de la).	R. de la Muette.	Place S. Antoine.
Rosiers (des).	Vieille r. du Temple	R. des Juifs.
Roule (du).	R. S. Honoré.	R. de la Monnaie
Roule (du Faub. du)	Barr. du Roule.	R. S. Charles.
Rousseau (J.-J.).	R. Coquillière.	R. Montmartre.
Rousselet (de).	R. de Sèvres.	R. Plumet.
Rousselet.	Aven. de Matignon.	R. du Colysée.
Royale.	Cour S. Martin.	Marché S. Martin.
S.		
Sabot (du).	R. du Four.	R. du Sépulcre.
Saintonge (de).	Boul. du Temple.	R. de Bretagne.
Salle-au-Comte.	R. aux Ours.	R. S. Magloire.
Sanson.	R. des Marais.	R. de Boudi.
Santé (de la).	Boul. de la Santé.	Ch. des Capucins
Sartine.	R. Coquillière.	R. de Viarmes.
Saussayes (des).	Place Beauveau.	R. de Surennes.
Sauveur (S.)	R. Montorgueil.	R. S. Denis.
Sauveur (Neuve S.)	R. Damiette.	R. du Petit-Carre
Savonnerie (de la).	R. de la Haumerie.	R. S. J. la Bouche
Savoye (de).	R. Pavée.	R. des Gr.-Augus
Scipion (de).	R. du Fer-à-Moulin.	R. des F.-Bourgeo
Sébastien (S).	R. de Popincourt	R. S. Pierre.

Rues.	Rues. Tenans.	Aboutissans.
ine (de).	R. de Bussy.	Quai Malaquais.
ine (de).	R. du J. des Plantes.	Quai S. Bernard.
ntier (du).	R. Montmartre.	R. S. Roch.
pulchre (du).	R. de Grenelle.	R. Taranne.
rpente.	R. de la Harpe.	R. Haute-Feuille.
verin (S.)	R. S. Jacques.	R. de la Harpe.
res (de).	Car. de la C. Rouge.	Barrière de Sèvres.
aon-le-Franc.	R. S. Avoye.	R. Maubuée.
ges (des).	R. S. Cr. de la Bret.	R. des Bl.-Manteaux.
y.	R. de la Jussienne.	R. des V. Augustins.
nerie (de la).	R. S. Germ.-l'Aux.	Q. de la Mégisserie.
bonne (de).	Place Sorbonne.	R. des Mathurins.
fflot.	R. Ste. Geneviève.	R. S. Jacques.
rdière (de la).	R. de la Corderie.	R. S. Honoré.
re (S.)	R. S. Foy.	R. des Filles-Dieu.
ennes (de).	R. des Saussayes.	P. du Tem. de la Vic.
T.		
lletterie (de la).	R. Harengerie.	R. S. Denis.
herie (de la).	R. J. Pain-Mollet.	R. de la Coutellerie.
lle-Pain.	R. du Cl. S. Merry.	R. Brise-Miche.
bout.	R. de Provence.	Boul. Italien.
nerie (de la).	R. Planche-Mibray.	Place de Grève.
nerie (de la V.-).	R. V. pl.-aux-Veaux.	R. de la Tuerie.
gne.	R. S. Benoît.	R. des SS. Pères.
aune (Petite rue)	R. du Sabot.	R. de l'Egout.
nturiers (des).	R. de la Tannerie.	R. de la Vannerie.
ple (du).	Boul. du Temple.	R. St. Avoye.
ple (du F. du).	Barr. Belleville.	Boulev. du Temple.
ple (Vieil. r. du)	R. S. Antoine.	R. S. Louis.
ple (des F. du).	R. de Ménilmontant.	R. du F. du Temple.
es-Fortes (des).	R. Moreau.	R. Contrescarpe.
rèse.	R. Ste. Anne.	R. Ventadour.
venot.	R. S. Denis.	R. du Petit-Carreau.
autodé.	R. des Bourdonnais.	R. S. Germ.-l'Aux.
onville.	Voyez Dauphine.	Le Pont-Neuf.
oux.	Place Ste. Croix.	R. N. des Mathur.
mas (S.)	R. du F. S. Jacques.	R. d'Enfer.
mas-d'Aq. (S.)	R. S. Dominique.	R. S. Th.-d'Aquin.
(des Filles S.)	R. N.-D. des Victoir.	R. de Richelieu.

TOM. II.

Rues.	Tenans.	Aboutissans.
Th. du Louvre (du).	R. des Orties.	Pl. du Palais-Roy.
Trône (du).	R. du F. S. Antoine.	R. de Montreuil.
Thorigny.	R. S. Anastase.	R. du Parc-Royal.
Thouars (du Petit-).	B. du Temple.	Enclos du Temple.
Tiquetonne.	R. Montorgueil.	R. Montmartre.
Tire-Boudin.	R. Montorgueil.	R. du Renard.
Tire-Chape.	B. Bétisy.	R. S. Honoré.
Tiron.	R. S. Antoine.	R. du Roi-de-Sicile
Tixeranderie (de la).	Place Beaudoyer.	R. de la Poterie.
Tonnellerie (de la).	R. de la Fromagerie.	R. S. Honoré.
Touraine (de).	R. de M. le Prince.	R. de l'Ec. de Méde.
Touraine (de).	R. de Poitou.	R. du Perche.
Tour (de la).	R. la Fol.-Méricourt	R. des F. du Temple
Tour-d'Auvergne.	R. Rochechouart.	R. des Martyrs.
Tour-des-Dames.	R. Rochefoucault.	R. Blanche.
Tournelle (de la).	R. de Sartine.	R. de Bièvre.
Tournelles (des).	R. S. Antoine.	R. Neuve S. Gilles
Tourniquet (du).	Cloître S. Jean.	R. du Monceau.
Tournon (de).	R. de Vaugirard.	R. du Petit-Lion.
Tracy (de).	R. du Ponceau.	R. S. Denis.
Traînée.	R. de la Fromagerie.	Place S. Eustache
Transnonain.	R. Aumaire.	R. Gren. S. Lazare
Traverse.	R. de Sèvres.	R. Plumet.
Traversière.	R. de Richelieu.	R. S. Honoré.
Traversière.	R. F. S. Antoine.	Quai de la Rapée
Traversine.	R. d'Arras.	Mont. Ste. Genev.
Triperie (de la).	R. de la Joaillerie.	Place du Châtelet
Tripelet.	R. de la Clef.	R. Gracieuse.
Trognon.	R. de la Haumerie.	R. d'Avignon.
Trois-Bornes (des).	R. Folie-Méricourt.	R. S. Maur.
Trois-Chandeliers.	R. de la Huchette.	La rivière.
Trousse-Vache.	R. des Cinq-Diam.	R. S. Denis.
Trouvée.	Marché S. Antoine.	R. de Charenton.
Truanderie (Gr.-)	R. S. Denis.	R. Montorgueil.
Truanderie (Petite-).	R. Gr.-Truanderie.	R. Mondétour.
Trudon.	R. N. des Mathurins	R. Boudreau.
Tuerie (de la).	R. S. Jérôme.	R. du Pied-de-Bœ
Tuileries (des V.-)	R. N. de Bagneux.	R. du Regard.
Turenne (de).	Voyez Louis (S.)	R. Filles-du-Calv.

Rues.	Tenans.	Aboutissans.
U.		
Union (de l').	Avenue de Neuilly.	R. Faub. du Roule.
Ursine.	R. Bourbon-Villen.	R. S. Denis.
Université (de l').	R. des SS. Pères.	Le Champ-de-Mars.
Ursulines.	R. Faub. S. Jacques.	R. des Postes.
Ursins (Haute des).	R. S. Landry.	R. de Glatigny.
Ursins (Milieu des).	R. Haute-des-Ursins	R. des Marmouzets.
V.		
Val-de-Grâce (du).	R. Faub. S. Jacques.	R. du Levant.
Valois (de).	R. de Courcelles.	Barr. de Monceau.
Vannerie (de la).	Pl. de Grève.	R. Planche-Mibray.
Vannes (de).	R. des Deux-Ecus.	R. de Viarmes.
Vannes (S.)	R. S. Maur.	R. S. Benoît.
Varenne (de).	R. des Deux-Ecus.	R. de Viarmes.
Varenne (de).	Boul. des Invalides.	R. du Bacq.
Vaugirard (de).	Barrière Vaugirard.	R. Fran.-Bourgeois.
Vaugirard (du Petit)	R. de Bagneux.	R. de Vaugirard.
Vendôme (de).	R. Charlot.	R. du Temple.
Venise (de).	R. Quincampoix.	R. S. Martin.
Ventadour.	R. N. des Petits-Ch.	R. Thérèse.
Verdelet.	R. Mauconseil.	R. Gr.-Truanderie.
Verderet.	R. Coq-Héron.	R. J.-J. Rousseau.
Verneuil.	R. des SS. Pères.	R. de Poitiers.
Verrerie (de la).	Marché S. Jean.	R. S. Martin.
Versailles.	R. S. Victor.	R. Traversine.
Vert-Bois (du).	R. P.-aux-Biches.	R. S. Martin.
Verte.	R. Ville-l'Evêque.	R. Faub. S. Honoré.
Verte (Petite rue).	R. Verte.	R. Faub. S. Honoré.
Vertus (des).	R. Phelippeaux.	R. des Gravilliers.
Viarmes (de).	Pourtour de la Halle	au blé.
Victoire (de la).	V. R. Chantereine.	
Victor (S.)	R. Copeau.	Place Maubert.
Vierge (de la).	R. S. Dominique.	R. de l'Université.
Vignes (des).	Boul. de l'Hôpital.	R. du Banquier.
Vignes (des).	Avenue de Neuilly.	Gr. r. de Chaillot.
Villedot.	R. de Richelieu.	R. Ste. Anne.
Ville-l'Evêque (de).	R. de la Madeleine.	R. Verte.
Villiot.	R. de Bercy.	Quai de la Rapée.
Vinaigriers (des).	R. Carême-Prenant.	R. du F. S. Martin.

Rues.	Tenans.	Aboutissans.
Vincent-de-Paul (S.)	Pl. S. Tho. d'Aquin.	R. du Bacq.
Vivienne.	R. Filles S. Thomas.	R. Beaujolais.
Voirie (de la).	R. Ch. de la Chapel.	R. Faub. S. Denis.
Voirie (de la).	R. Maison-Neuve.	R. des Grésillons.
Voltaire (de).	Place de l'Odéon.	R. M. le Prince.
Vosges (des).	Voy. Place Royale.	R. S. Antoine.
Voye-Creuse (de la).	R. des Fos. S. Marcel.	R. du Banquier.
Voyes (des Sept-).	R. S. Et.-des-Grès.	R. S. Hillaire.
Vrillière (de la).	R. Cr. des Petits-Ch.	R. de la Feuillade.
Vrillière (Petite rue)	Place des Victoires.	R. de la Vrillière.

W.

Werthingen.	R. N. de l'Abbaye.	R. du Colombier.

Z.

Zacharie.	R. de la Huchette.	R. S. Severin.

www.ingramcontent.com/pod-product-compliance
Lightning Source LLC
Chambersburg PA
CBHW060507170426
43199CB00011B/1360